山陰民話語り部シリーズ 3

猫に化かされた話

――隠岐・海士町の民話

酒井董美 編著

ハーベスト出版

『猫に化かされた話　〜隠岐・海士町の民話〜』刊行によせて

本書には、海士の先人から伝承されてきた民話五十五話が収められております。約四十年前に活動を開始した隠岐島前高校郷土部の皆さんが、これらの民話を丁寧に収録してくださったことは大変な労力であり、その努力に敬意を表しますとともに、このたび一冊の本として刊行されましたことを心よりお慶び申し上げます。

まるで玉手箱のように多種多様な民話が揃っておりますが、どれを読んでも、どこかホッとする海士弁と優しさあふれる内容が印象的で、ちいさな一話一話から「海士らしさ」が匂い立つようです。

またこの本には、地元ケーブルテレビ局「あまコミュニティチャンネル」の制作会社である「合同会社　隠岐アイランズ・メディア」の協力を得て、海士町在住の町民が民話を語ったＤＶＤが付録として付けられております。二十代から八十代までのＩターン者二名を含む計十五名が原文を尊重して語っており、表情豊かな海士弁の魅力を存分に味わえる貴重なＤＶＤとなっています。

特に、海士町を代表する語り部である御波区在住の濱谷包房さんの語りは何とも味わい深く、知らず知らず民話の世界に引き込まれるような、まさに名人の域に達した語りであり、その話術は必聴と言えるでしょう。

地方創生の時代と言われる昨今、私たち海士町は、『ないものはない』というキャッチコピーを掲げ、都会のような過剰なモノは無くてもいい、本当に大事なものはすべてこの島にあるのだ、という心意気で頑張っているところですが、その〝本当に大事なもの〟とは、人と人との繋がりであったり、地域の中での支え合いであったり、おかげさまの心であったり、まさに、語り継がれる民話の中に残されているエッセンスに通ずるものがあると思います。

民話はまさに、普遍的な価値をもつ、古くて新しい宝物。前の世代から大切に受け継ぎ、次の世代へと繋ぐべきものであります。

海士の宝を丹念に掘り起こしてくださった郷土部の皆さん、それらを永く残せる本の形にまとめてくださった酒井先生、温もりのあるイラストを描いてくださった福本さん、海士弁で語ってくださった皆さん、誠にありがとうございました。この本が多くの方に愛され、読み継がれますことを、心よりお祈り申し上げます。

海士町長　山内道雄

はじめに

日本海に浮かぶ離島の一つ、海士町は昔から流人の島として知られた隠岐諸島に属しています。流人といっても後鳥羽上皇とか小野篁《たかむら》のように政争に敗れた上流階級の人々が主流であり、決して犯罪を犯した凶悪犯の類ではありません。その影響からか今日でもここの人々はどことなく品があり、優しく親切です。Ｉターンが多いのも頷けます。

そんな環境の中で育まれ伝承されてきた民話の数々を五十五話収めたのが本書です。一例を挙げますと、全国的に知られた「ネズミ浄土」や「地蔵浄土」でも、海士町のは一つ余った焼き飯を老夫婦が譲り合うという夫婦愛のやさしさから展開する形を取っています。こんなところが本土の同類とは大きく異なっていて微笑ましさを感じるのです。

付録のＤＶＤには、そのような海士町の語り部による民話がいくつも披露されており、海士弁の雰囲気が楽しめるようになっています。どなたも存分にお楽しみください。

なお、本書の特色については、「海士町の民話と郷土部について（あとがきに代えて）」に記しておきましたので、ごらんください。

最後にお忙しい中を本書のために序文をくださった山内道雄海士町長さんに、心から御礼申しあげます。

編著者　酒井董美

海士町の位置と地区名

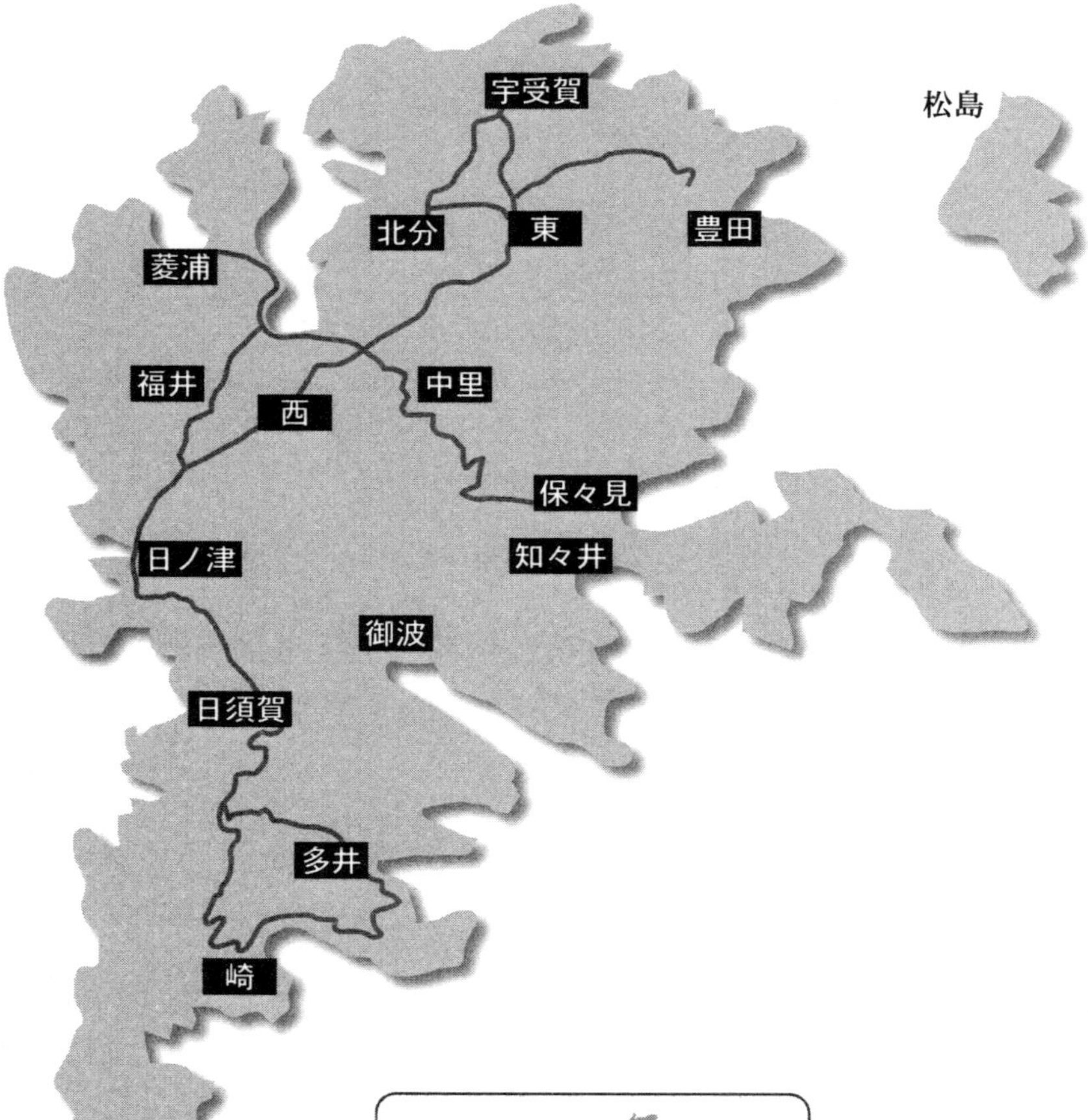
宇受賀
松島
北分
東
豊田
菱浦
福井
西
中里
保々見
日ノ津
知々井
御波
日須賀
多井
崎

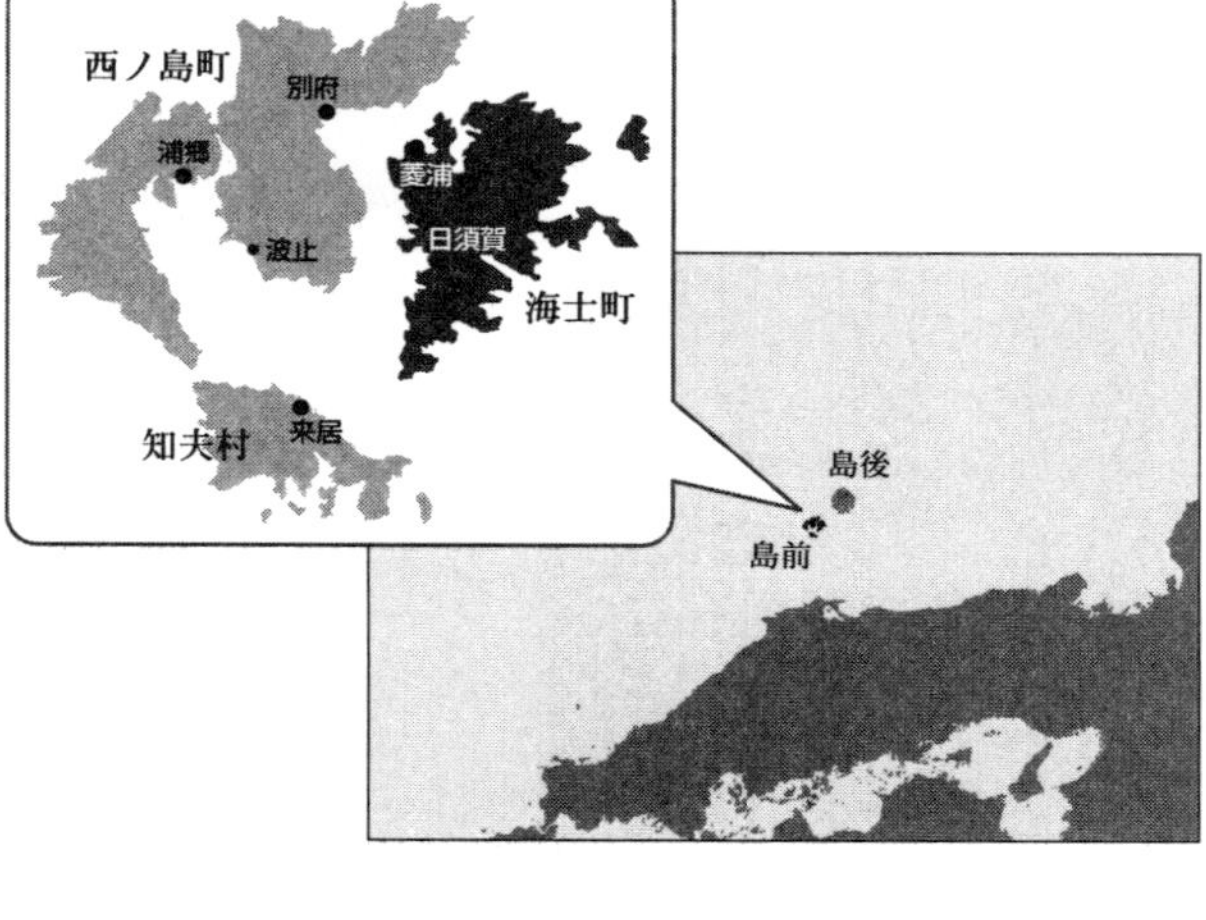
西ノ島町
別府
浦郷
菱浦
波止
日須賀
海士町
来居
知夫村
島後
島前

目次

（○内の数字はＤＶＤ登載の順・語り手の氏名）

◆怖い話や不思議な話

◆笑い話いろいろ

◆神々の話など

本書は語り手の言葉（方言や言い回し、また現代では不適切とされる言葉など）をできるだけそのままに掲載しています。

表紙・イラスト　福本隆男
DVD制作　隠岐アイランズ・メディア

動物や植物の話

1. 猿《さん》の生《い》き肝《ぎも》

(御波)

昔、竜宮《りゅうぐう》の乙姫《おとひめ》さんが病気になんまして、あちこちから医者迎えただっど、どげしたてその病気はわからん。あるときに一人の医者が、

「こら、どげしたてて治らんけん、わしとすりゃ猿《さん》の生き肝飲ますら、治っかもしらん」ちゅう。

「だっか(だれか)、猿の生き肝、取れ行くか」ちゅうことで、

「そりゃま、だっぞ、そこにおれせんかいな」ちゅうで(というので)見たところが、ちょうど戸の隙間から海月《くらげ》の足が、こげして(こうして)見えただけに、

「おお、ここにおる。ここにおる」言って海月の足、しゃばった(引っぱった)。ところが、海月が、

「なんぞ用かの」てって、顔出えたもんだけん、

「主《のし》ゃ(おまえは)、こっから猿を連れて来いな。こげこげで乙姫さんに生き肝飲ませな

ならのに、主ゃ行きて連れて来い」ちゅうわけで、ほっか（それから）、猿の使いに海月をやったそうな。

その当時、海月は、まだ亀の甲よりりっぱな甲羅《こうら》もあったし、骨もけえ、そりゃがっしりした骨があったふうでござんすわな。ところが、

「よし、よし」ちゅうで、ある浜辺へ行きて、こう、松の木が生えちょっただけん、見たとこめが、なんと、その上で猿が、んまげに（うまげ＝楽しそうに）遊んでおっだけん、

「こいつ、どげぞして、だまくらけて連れて行かなならんが」思って、

「ようい、猿さん、猿さん、おまえらちゃ海の底の竜宮城ちゅうとこ見たことあっかい」てって言ったところめが、

猿が、

「わしらち岡の上におっもんだけん、ようそげなとこあらあわな（よくそのような所があるはずないわい）」

「なんと、そんなら、おれが連れて行きて見せてごさあか」

「そっが本当なら、ひとつ頼んわい」ちゅうた。

「おお、そんなら、ずっど（たいそう）身体の大けなりっぱな者《もん》から順々だど」ちゅうで、ずっど大きな猿を身体に乗せて、そっから、途中まで来て、やめらいいことに馬鹿《ばか》が

け、ちょっとけ、口をすべらしてしまって、

「今《んま》に竜宮城へ行きたてや、主ゃ、ま、生き肝取られて、殺されっだわい」

さあ、そろ（それを）開いた猿はけ、たまげてしまって、

「どげぞして、こいつをだまくらげて、岡へもどらなならん」

「やれな、なあせ（どうして）、主ゃそろ早あに言ってごさんだ。生き肝ちゅうものはな、いつもいつも身体にあれせんだ。今日みたいな天気のいい日にゃ、虫干しせにゃ、あら、虫のつくもんで、今、みなで遊んでおった松の木に広げて干えてあっだ。そっで、鳶《とび》やなんやに取られら悪っだけん、そっであげして、みなで木に登って番しちょっとこだだわい」

「そげだだか。そらま、ちいと分けてごすわけにはいかんか」

「おお、そりゃ、なんぼでも分けてやっどこだねえ、元んとけ（ところへ）行きさいすら、なんぼでもあっだけん、分けてやっだわい」

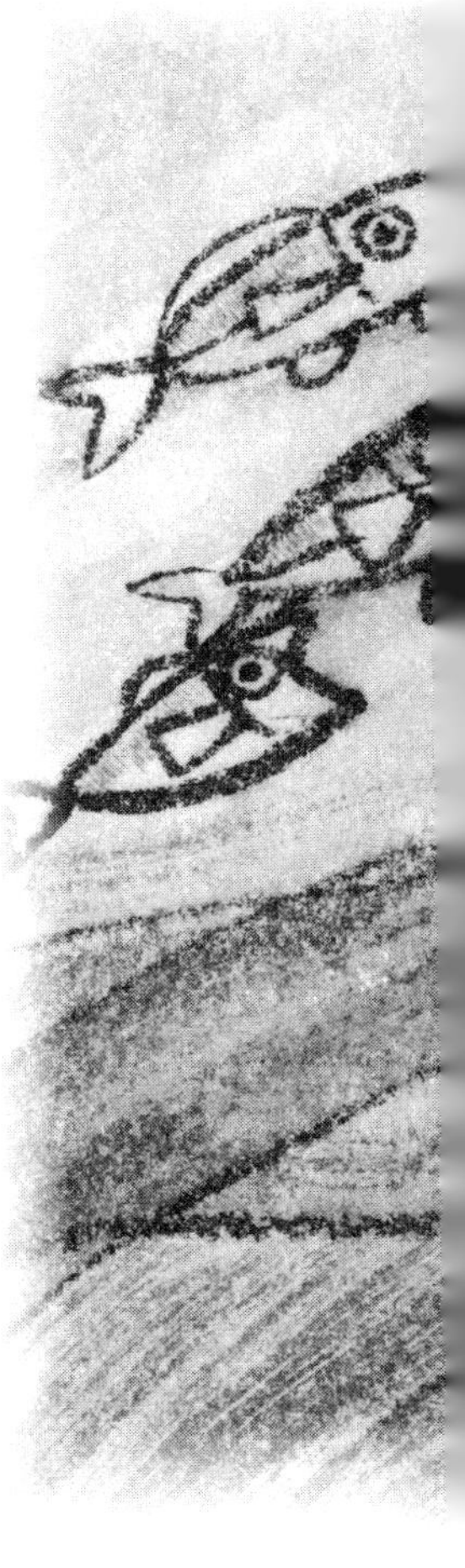

「やれ、そげだだか」ちゅうでけ、元んとけ連れて行きたらけえ、松の木の上、登ってからに、

「ここ食えー、食えー」言って、尻《しっぺ》ぇをけ、パタパタたたいたちゅうわな。

そって本当は、猿の尻が光《ふか》って（赤い、の意）おんのは、そんとき、尻たてたけんちゅうわな。

そってけ、今度、海月のやつにはしかたねえだけん、いんで、け、

「こげこげで、生き肝取って来るてて言うもんだけん、浜へ帰したとこがけ、ここ食え、ここ食え、言って、尻をたてて、ごしゃしません（くれやしません）」

「こな馬鹿よ。主ゃだまくらかされただわい」言って、

「罰だ」「罰だ」言ってけ、みなで寄ってたかってけ、骨、抜かれた。そっから、海月ちゅうもんは、骨なしになったふうでござんすわな。

［昭和五十一年五月二十九日収録　聞き手：萩坂昇・大島廣志・池田百合香・濱谷深希・酒井董美］

解説　語り手は御波・濱谷包房《かねふさ》さん（昭和三年生）である。関敬吾博士の『日本昔話大成』でこの話の戸籍を調べると、「動物昔話」の「八　動物社会」の中の「猿の生肝」として登録されているのに当てはまる。ここでは濱谷さんの鮮やかな語りを味わっていただきたい。

2. かちかち山《やま》（その1）

（崎）

じいさんとばあさんとあって、百姓しとったわけだなあ。ところが、瓜つくってもナスビ作っても、タヌキのやつが取ってどうしてもしまつがつかん。防ぐ方法がない。そいで「このやつ」思っとるけども、なかなか方法がつかん。それから、どうして捕まえたか、とうとうタヌキを捕まえたわけだな。

捕まえて、唐臼場《からうすば》の上へ足縛って吊っておった。ほしたら、じいさん、畑へ行きて留守んなった。

「ばあさん、ばあさん、もう悪いことせんから、これを解《と》いて降ろしてくれ」頼むちゅう。

ほいでばあさんは、「なんとかわいそうに」思って解いてやったわけだ。そしたらま、礼言ったか言わんか知らんけど、

「唐臼はおれがつくから」ちゅうわけで、そえでま、ついたわけだ。

それでおばあさんは、唐臼を踏まぁ思って、こうして片わの木にね。タヌキが「おばあさん、もうちと先に寄れ、もうっと先に寄れ」。唐臼踏んでから、唐臼こうそこついちょったわけだけん、ばあさん正直に先々寄ったら、臼の中へまっ逆さまに落ちた。それかまわずにどんどん唐臼ついた。ばあさん死んだわけだ。そこでそれでその肉を取って味噌汁炊《た》いたわけだな。

ほえでじいさん、畑から帰ってきた。そこで汁炊いてあっけん、

「じいさん、先に食え」。ちゅうわけだ。じいさん、食った後がちょっとおかしいけども、肉入っとるしな。ほえからタヌキが庭の戸開けたときに、

「やれおかし。じいさんは、婆《ばあ》汁食った。婆汁食った」と、こう言うわけだ。

「はて、おかしい」。見たってやおばあさん、おらんわけだ。さてとは思って、今度、唐臼場行って見たら着物なんかあるわけだ。

「やあれ困った」ちゅうわけで、ばあさんは死に、がいに悲しんどったわけだ。

そこへキツネが来た。

「よし、おれがかたき取ってやるから」。それからカチカチ山が始まった。

「今日は焚《た》きつけちゅうだけんな。焚きつけを取りに行こう、山に」

そいでまぁ二人ちゅうか、二匹つれだって、松林さあるから、そこ行きて取ったわけだ

わね。ほえでタヌキにうんと負わせたわけだ。先歩かして、キツネはそれに火打ち石で火をつけようとしたが、なかなか火が出んから、で、カチカチカチ、山に響くわけだ。

「キツネさん、あの音は何かの」

「ここはねえ、カチカチ山言って恐ろしとこだけん早く帰ろうや」言うわけだ。

「ああ、帰ろう、帰ろう」。もう火がついただわい。燃えとるから、そえで、

「やれやれ、背なが熱いが、こらどうしたわけだ」

「そらま、われわれ一生懸命で歩いとるから、熱いんだ。もう少し下へ行きたら涼しくなるから」。そえか思って歩いとったら、だんだん熱くなってくる。背なも何も焼けたけん、下で、

「やあれ、熱い、熱い」

そのうち火も消えたからな。辛抱したわけ。ほえで、まだかたきがすまんからね。キツネにしてみりゃ、どうも殺してやら思っとった。そいで船をこしらえたから、

「まあ、これからそんなら山へ行きたけん、今度《こんだ》海へ行きて遊ぼう」

「よかろう」

そえで予《あらかじ》め作ってあった泥で作った船と木で作った船と二つこしらえた。

そえでキツネは木でこしらえた船に乗って、櫂《かい》でこぐわな。タヌキは泥で作った船に乗

せて、お互いに。ほえか、沖、出るときに、

キツネの船は木々船

タヌキの船はチイチ（「土」のなまり）船

二人で囃《はや》しかけて。泥のこと、「チチ（土）」言うてね、ほで少ししたら土だから溶けてしまうわけだね。後、アッパッパのパで、

「助けてくれえ」て。

「何を、おのれはばあさんを食い殺したぁねか。そのかたきだだ。覚悟しろ」

そいで話はすんどっだ。

〔昭和五十五年八月十一日収録　聞き手：酒井ゆりこ・リーガン・ケリー〕

解説　語り手は崎出身、川根多一さん（明治三十三年生）である。関敬吾博士の『日本昔話大成』には「動物昔話」の「六　勝々山」の中にその戸籍はあるが詳細は省略する。ただウサギに代わってキツネが登場しているのが珍しい。

これは昭和五十五年（一九八〇）夏、隠岐島前高校郷土部が行った西郷町（現・隠岐の島町）民話調査のおり、同行した筆者の娘（松徳女学院高校）とわが家に受け入れていたアメリカの高校留学生リーガン・ケリーの二人が、介護施設百寿園でうかがった話なのである。

3．かちかち山《やま》（その2）

（菱浦）

昔、おじいさんとばあさんとおりました。

そのおじいさんとおばあさんの家は、がいに山奥でしたげな。そこに住まいしておって、おじいさんは木こりに行くし、おばあさんはわがとこにおった。

おじいさんとおばあさんと、囲炉裏《いろり》に自在鉤《じざいかぎ》ちゅうのを掛けて鉄瓶を掛け、夜話すっに、

「また、ネコ鳥（フクロウの老人語）がホウ、ホウ言うがな」言って、ほっからタヌキが腹鼓《はらつづみ》…ちゅうものが、遠えところで聞こえっやあな気がして、

「や、今夜もまた、タヌキが腹鼓をすわ」言って話をしてそいからま、夜が明けて、明けの日、おじいさんが、

「木こりに行く」言って出かけたげな。

そから、おばあさんはわがとこにおった。そうしておったところが、タヌキにおばあさん、殺されてしまって、そぉに、タヌキがおばあさんにまなって（化けて）、そぉから、

「じいさん、もどらしたか。汁炊いて待ちておったに」言ったら、

「ああ、もどったわな」

「さあ、ご飯食べさっしゃいや」言って、汁も煮ていたと。

「婆《ばあ》汁食って。婆汁食って」言うだけん、おじいさんが、

「だっが、炊いて食わすっだ。おまえよりほかにあれせんだけん、美味《うま》からぁな」てて。

どげな気がしたらぁ、じいさんは部屋へ入ったら、ばばは殺されてある。その後にけ、
タヌキがばあさんにまなったやつが駆け帰ってしまった。

「こらっま、あの奥に腹鼓を打つタヌキのげだがばばさんを殺《これ》て、わしに汁煮て食わした」言っての、腹立てて、そっか、ま、そっでじいさんは、明けの日、ウサギがの、もだれ（軒下）へ来ちょったに。

「ウサギさん、ウサギさん。ここのばあさんは、タヌキが殺いたけに仇討《かたき》ってごさんか」

「いや、おじいさん、おじいさん。わしがやぁな細《ほお》せ身体のもな、いいも仇討たしませんわ」

「わしがいい考えすっけん」

「どげな考えかな」

「どげてて、わしがな木を切って、そっか、船作って、そかぁ、泥の船こしらうけん、

そっにタヌキ乗せて向こうの島までどっちが早く着くか」ちゅうこと言って、「ああ、そんなら仇討ってごす」てて言って、「そな、頼むけん、そがしてごせ」言って、そから、ある日、タヌキに出会って、ウサギが、

「タヌキさん、タヌキさん。向こうの島まで櫓《ろ》を押して漕《こ》ぎやっこやっか」てて言って、「おお、やらぁ」って言って、

「そんなら、船ん乗っていかぁや」言って、そっから出っとこが、タヌキのやつは泥だけん漕ぐたんびにけ、船が薄くなって、そかぁ、ウサギのやつは木だけんそがぁなれせん。そっでいい加減なとけ行きたらけ、沈みかけたけん、タヌキが、

「助けてごせ、助けてごせ」言ういって。そげすっにウサギがけ、思っさま（思いきり）頭ぶちくらわしてけ、やったにけ、泥の船といっしょに沈んでとおって。そっで、仇を討ってもどった、ということの話。

ひときり、こっです。

［昭和五十年十一月二十八日収録　聞き手：福原隆正・池田百合香・小新恵子］

解説　語り手は菱浦・渡部松市さん（明治二十八年生）である。関敬吾博士の『日本昔話大成』で調べると動物昔話の「勝々山」に該当しているが、詳細は省略する。

4. かちかち山《やま》（その3）

（保々見）

あのな、いい話言って聞《か》すっわい。キツネとタヌキのだましあい言ってな、タヌキがおじいさんにかわいがってもらって恩返ししたいう話だけん、よう聞けよ。

おじいさんが毎日毎日木樵《こ》りに行くに、キツネが弁当取って食ったり、悪《わあ》っことばっかりして、ように困ってな、ほっで（それで）じいさんは、

「よしよし、ばあよなあ、今日は鉄砲持って行きて撃ち殺てやらあや」

言って鉄砲持って行きたに、キツネが出て来て悪いことしてな、そっからじいさんが、

「よしよし、今日ばっかりはこらえせん（許さない）けんな。おのら、撃って殺《こ》えてやっけん」言って、そいから足を撃ったら、キツネが転んで、縛って持って帰って、囲炉《い》裏《り》の上、逆さに吊っちょったに。

ほか、あくる日、じいさんが山に行くに、

「ばばよ、ばばよ、なんぼキツネが解《て》け言っても、解えてやあなよ。解てやら、主《の》ゃ《し》殺

されっだけん」言って
「おお、解けせんけん、じいさん、安気して（安心して）行きてございな」言った。

そっか、じいさん、山に行きたに、じいさん、山、行きてから以後にな、キツネが、

「ばあさんよ、小便がふってけん（小便がしたいので）頼んけん、これ解《て》えてごせな」

言ったに、

「解《て》えてやら、主《のし》や、逃げっだけに、私《だ》、じいさんに叱られっけにいやわい」言うに、

「逃げせんけん、じきに縛って、こけまた吊らいいだけん、頼んけん解えてごせな」言うだけん、ほっか、解えてやったらな、キツネがばあさん殺して、そがして（そうして）ばあさんを汁に炊いておったに、じいさんがもどって来て、

「ばばよ、ばばよ、今もどったわい」言って、

「おお、もどったか、もどったか」言って、そっから、そら（上）見たらキツネがおらんだけん、

「ばば、キツネはどげした」言ったら、

「キツネは殺えて汁煮ちょったわい。じいさんよ、おまえに食わしょ思って」言った。

「おお、そげか、そげか」言って食って、

「やれ、このキツネの汁はうめな」言って食ったにな、食ってから以後に、姉《あね》さんかぶ

りしちょった手拭《てのご》い取って、キツネがな、

「じいさん、じいさん。今《んま》の汁は婆汁《ばば》だったわい」言って山奥、逃げて行きて、そっか、じいさんがいにほえちょったら（泣いていたら）、
いつもいつもかわいがってもらっておったタヌキが来て、

「じいさん、じいさん、おまえはなあせ（なぜ）ほえる（泣く）」言ったら、

「あのな、キツネがばばさんを殺えて婆汁こっせて（こしらえて）食わして、知らんだけん、キツネ汁だ言うだけん、うめ（おいしい）思って食ったらばばだってな、ほっで、私《だ》、難儀でほえちょっわい」言って、したら（そしたら）タヌキが、

「いつもかわいがってもらうだけん、その代わり、われが敵討《かたき》ってやっけん、じいさん、ほえんなよ」言って、そいからタヌキが考えて、船を二杯《はい》（二隻）造ってな、一杯は泥の船をがんじょうに造ったげな。

そっか、キツネを呼んで、

「向こうの岸に泥棒が盗《と》った金がほろんで（埋めて）ある、言うけに、そろを取りい行くだけん、ほっで、おまえとわしと競争で、先着いたものが取っても文句はないちゅうことにして、競争で取りに行かあや」

言ったら、キツネは、

「そらうまいもんだ。おれが船は大きな船で、がんじょうにできとっけん。おまえのやつは途中うち引っくり返っだけん、おれがもんだだわい」

言って、そいで、「よおい、ドン」で岸から出たらな、キツネの乗った船は泥船だだけん、途中で泥がくずれて水が入って来るで、

「助けてくれ、助けてくれ」

言って、キツネが言ったけども

「おのらがやな者《もん》（おのれのような者）助けるもんか。ばあさん殺えてばあ汁こせえて食わしたりして、ばあさんの敵討《かたきう》ちだわい」言った。

「おまえはだまされただけんな。いつも人だますだけん、今度、おれがおまえをだめただわい」言って。とうとうキツネは溺《おぼ》れ死んでしまって、ほっで、もどって来て、じいさんは、

「敵討ってげえた（くれた）」言って喜んで……。

いつもいつもじいさんにタヌキはかわいがられて、山へ行きても弁当の残ったをやったり、余分に持って行きてやったりしてかわいがって、だいじにだいじにしておったけん、タヌキはその恩ほどき（恩返し）をしただけん。

タヌキでさえも受けた恩を忘れせんだけんな、人間ちゅうもなな、人にかわいがられた

り、世話になったら忘れっもんだねえだど。それを忘れるやあな者《もん》ならな、人間だねえだけんな、言ってお父さんが言われよっただけん、おまえらちもな、人に受けた恩は忘れるもんだねえけに、必ず忘れるもんだねえど。

〔昭和五十一年五月一日収録　聞き手：大上朋美・池田百合香・小新恵子・酒井菫美〕

解説 語り手は保々見・徳山千代子さん（明治三十七年生）。関敬吾博士の『日本昔話大成』では笑話の「勝々山」の一種であるが、普通、タヌキであるところが、この語りではキツネであり、仇を討つのがウサギではなくタヌキであるところがおもしろい。「所変われば品変わる」のたとえのように地方色に彩られているのであろう。

5. ソバ（蕎麦）の赤足《あかあし》

（御波）

とんと音があったふうでごわすわな。むかしゃ麦でもソバ（蕎麦）でも、人間が都合のいい時に種めえて、また都合のいい時にわっわれ（自分）から取り入れしよったもんだふうでごわすわな。

ある秋の頃だったそうです。お大師《だいし》さんが行っかけたところめが、大きな川に出合いまして、

「こら、困っただ、この川渡らんならんだが」と思ってみたところが、橋はありゃせず、どうしようか、と思案しとったふうですわ。

そけえ（そこへ）麦とソバとが連れだってやって来たふうだわな。こりゃ、いいもんが来たわいちゅうで、

「よい、よい、おまえらちゃ、だっぞ（誰か）、だ（わたし）を負って向こうまで渡えてごさんか」

と、こう言ったところがせえ、秋のことなら水は冷《つん》たなり、どうもいやなふうで麦もソバも黙っちょったです。

「麦よ、主《のし》ゃどげな、だ（わたし）を渡えてごさんか」って言ったに、麦は、ま、水は冷《つん》てもんだけん、

「いや、そっはなんましぇんだ。わしゃこっからのう、種を播《ま》かれに行かななんましぇんだけんの」

こう言って、せ、逃げてしまった。

しゃねえだけん、

「ソバよ、頼むけん、主ゃ、だ（わたし）を渡えてごさんか」

ソバは、け、気がいいもんだけ、

「そんな、ま、しゃござんせんだ。こけ（ここへ）負われさっしゃいな」と背な向けてけえ、脛《すね》までけ、からげて、川を渡《わて》ぇたふうですわ。

ところがせ、秋のことなら、水は冷てなり、足はなんも赤んなったふうですわな。

それをお大師さんが見さして、

「ああ、よし、よし。かわいそうにな。主ゃ今日はだを渡えてげえただけん、主ゃなんば足が冷たあても赤あなっても、け、雪の降んまでに、主ゃ取り入れすっやあにしてやっ

けん。そんに引《ふ》っかえて、あの麦のやつは汚《きった》ね。がいな（たいへんな）大嘘つうてからに、逃げてしまった。あいつぁ、こっからどげでも冬に向かって種播きすっやあにけえ、どげでも、そげさしてやっけん」

それで、今度《こっだ》ぁソバは雪の降る前に取り入れてしまう。麦はそん代わりけえ、播《ま》かれてけ、雪のある間中、山でけ、冬中、こげして（こうして）こちけちょっと（凍っていると）、そげなふうになったふうですわ。

そっだけ（それだから）、何でも人の頼みちゅうもんは聞いてやらにゃ、こら、ようごわんしゃん、そげなようなことでござんすわな。

［昭和五十一年八月二十一日収録　聞き手：大野晃子・添田シゲ子・佐野敏子・濱谷深希・酒井董美］

解説　語り手は御波・濱谷包房さん（昭和三年生）である。関敬吾博士の『日本昔話大成』には掲載されていない話型である。最後に教訓がさりげなく語られているところが、昔話の機能を示している。これはけっこうよく知られている話のように私には思えてならない。以前、たしかにどこかで聞いた話のように思う。語り手の濱谷さんの話術のうまさに聞き手は引き込まれていた。当時、東京に本部のあった民話と文学の会の島前民話調査のおりうかがったものであり、聞き手の濱谷深希さんは濱谷さんのお子さんで郷土部員、それと酒井を除けば民話と文学の会員のみなさんだった。

6．猿蟹合戦《さるかにがっせん》

（多井）


とんとん昔があったげな。

猿と蟹があったげな。猿は柿の種を拾ったげな。蟹はにぎり飯を拾ったげな。

猿が、

「蟹さん、蟹さん、おまやあ、そのにぎり飯は食べてしまぇやあ、すぐなくなるが、この柿は播《ま》いておけばいつも食べられっけに、なんと取り替えようだないか」てて言うで、取り替える都合にして、で、取り替えたら、猿はにぎり飯を食べてしまう。蟹はその種を播いて、

早く芽を出せ　柿の種
出さねば　鋏《はさみ》ではさみ切るぞ

6．猿蟹合戦

と言ったら、すぐに芽が出たげな。芽が出たら、また、

早く大きんなれ　柿の種
ならねば　鋏ではさみ切るぞ

と言ったら、ずんずんずんに柿が大きんなった。また、

早く実《め》がなれ　柿の種
ならねば　鋏ではさみ切るぞ

と言ったら、また、実がどんどんどんなるやになって、で、実がなって柿も熟《じゅく》したが、なんと木によう登ることができず、

「猿さん、猿さん、おまえと替いた柿の種、大きになってから実がなるやになったけに取って食べさせてくれ」といって蟹が頼んだら、

「はい、はい、わしが取ってあげえけん」てて言って、で、猿は柿の木に登って、自分一人《ふとり》食べて、蟹に取ってもくれましぇんだけん、

「猿さん、猿さん、わたしにも取ってくれえ」てて言った。そうしたら、「おまやぁ、こってでも食べえ」てて言って、すぐ柿を蟹に投げつけて、蟹は甲《こう》に当たって怪我《けが》をして、泣いておったところ、

そこへ玉子と昆布と臼《うし》と蜂と見舞いに来て、そで、そのわけを聞くと、

「こうこうこういうわけだ」てて蟹が言ったら、

「そんなことをするやなら、かたきを討ってやら」てて言って、そいかあ、かたき討ちする相談になって、で、玉子は火鉢《ひばち》の中に隠れちょる。そかぁ（それから）蜂はゼン棚に隠れて、昆布は台所に、臼は天井に、蟹は水桶《みずおけ》の中に隠れておったに、晩になって猿が帰って来て、

「ああ、寒《さぶ》い、寒《さぶ》かったなあ」てて言って、火鉢に火を起いて当たらとした。

そうしたら、玉子がポーンとはしれて、顔に火傷《やけど》して、

「やれ、こらまあ火傷したわい」てて言って、水桶に顔をつきょうとしたら、蟹にはさまれて、

「やれ、こら」てて言って、起きてドタバタしたら、ゼン棚から蜂がきて、

「こらまあ、持てのわい」と思って、駆け逃げようとしたら、け（つい）昆布で滑って、け、転んだら、そら（上）から臼が落ちてきて、とうと、猿は臼につぶされたっていうこと。

で、必ず、人を痛めたり、人に嘘をついたりすることはいけぬことだということを聞きましただ。その昔。

〔昭和四十八年八月三十一日収録　聞き手：三原幸久（大阪外大助教授）・大阪外大女子学生（氏名不詳）・酒井董美〕

解説　語り手は多井・木野谷タマさん（明治十九年生）である。関敬吾博士の『日本昔話大成』では動物昔話の中の「猿蟹合戦」として、この話が収められている。猿をこらしめる仲間は変わった者もいるが、どなたもおなじみの話であろう。

7．古屋《ふるや》の漏《も》り（その1）

（保々見）

昔々大昔、その昔ねえ、じいさんとばあさんが牛を飼っちょったわけなんだ。ところが、そのじいさんとばあさんが非常に欲だからねえ、あらゆる人が、じいさん、ばあさんを目つけちょったわけなんだ。

あるときに、大きな雨の降った晩に博労《ばくろう》がじいさんばあさんの牛、盗みに来たわけだ。ところが、もう大雨だからひどく家が漏《も》ってきたときに、狼のやつが牛をめがけて来たわけだ。

雨が漏ることを「漏りどん、漏りどん」言いますけんね。

ところが、じいさんとばあさんと、

「獅子《しし》、狼《おおかみ》より漏りどんが恐ろしいなあ」

こうやったわけだ。

ところが、狼が「われが一番世の中で恐ろしいもんだと思っとんのに、おれより恐ろしい漏りどんちゅうもんがおるだかい」言うてねえ、こいにぶつかったら大変だと思うて、とんで逃げたわけだ。ところが、博労が、その狼がとんで出てきたから、牛が出てきたかと思うてねえ、

「こりゃ、うまいことしただ」言ってかあに、狼の背中へ乗ったわけだ。ところが、狼がねえ、

「こりゃあ、漏りどんつうやつがおれに抱きついた」つうだけん……。

ほいかあ、一所懸命で、とんでまわって逃げてしまったわけだ。ところが、途中でその博労が気がついたところにゃ、狼なんだ。

「いや、こりゃ大変だ」と思うてねえ、今度、とびおりてしまった。

「こら、早いこと身を隠さんと大変だ」思ってうろたえておるうちに、大きな穴があったわけだけん、そこへ博労は隠れちょったわけだ。そいで、狼は帰って、猿に出会ってねえ、

「なんと猿さん、猿さん、世の中におれより恐ろしいものはないと思うとるに、あのばあさんが『獅子、狼より漏りどんが恐ろしい』言いやがった」

「漏りどんてやあ、どんなもんだ」て。

「いや、それがなあ、こうこうしてばあさんとこへ牛盗《と》りに行ったとこめがねえ、その

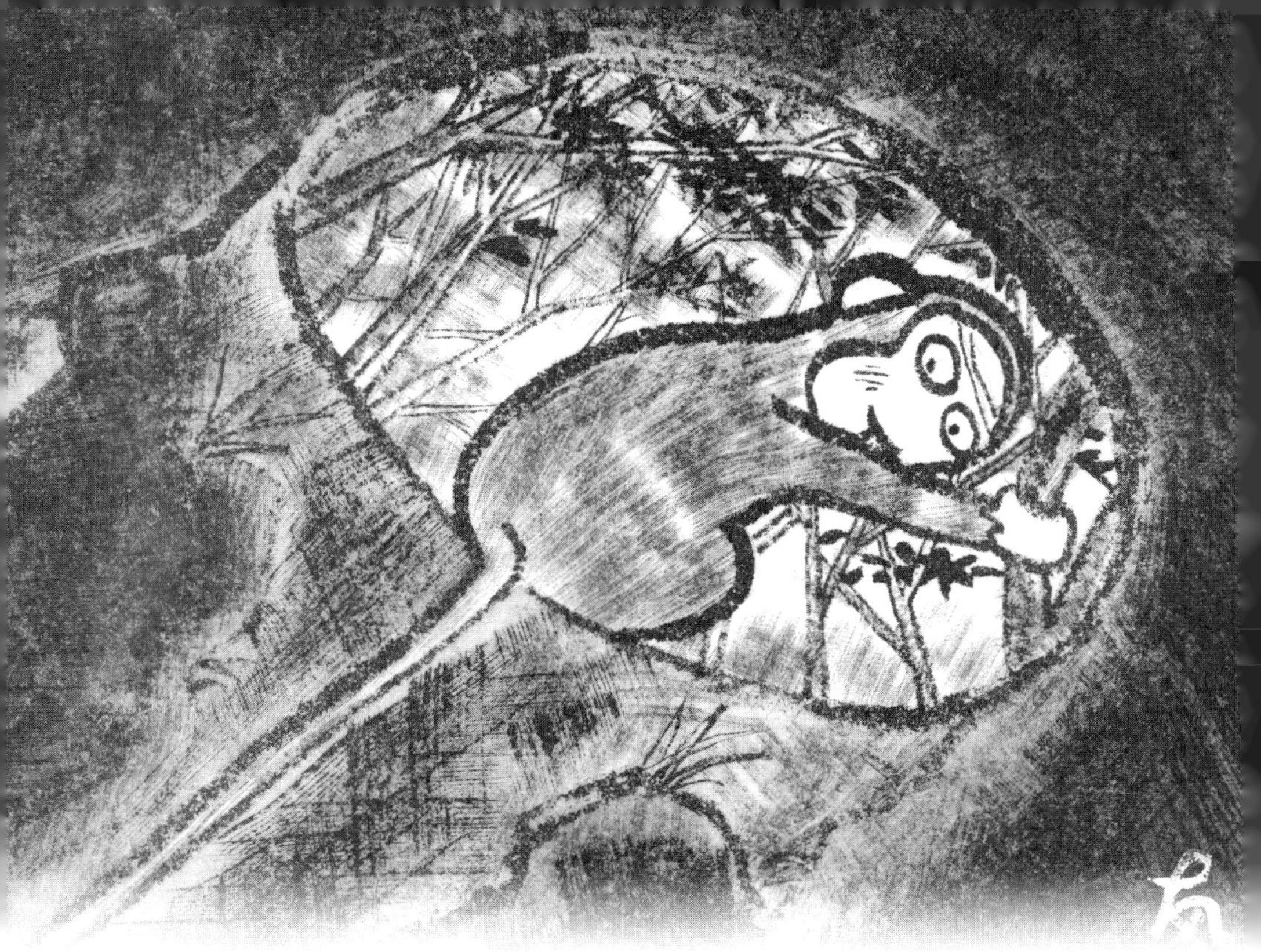

漏りどんというやつがおれの背中へ乗ってなあ、一所懸命やったとこめが、あんま、よけいにおれがとんだ（走った）もんだから、け、漏りどんがおれの背中から落ちてなあ、ここの穴へ入っちょる」ちゅうわなあ。

「そうかい。そんならひとつ、漏りどんを見つけてやろう」ちゅうだないか。そいから、猿と狼がねえ、その穴へ行きて一所懸命で捜すわけだ。なんぼう捜しても手当たりがない。ところが、猿のやつが尻尾で一所懸命でこう捜したわけだけん、中の博労がねえ、なんだ、フニャフニャした柔《やお》いもんが来たなあと思って、そいつをつかまえてやったわけだ。つかまえてやったところが、猿の尻尾だった。

「ええい、こん畜生」と言うで、猿は一所懸命……　それを博労が引っぱったわけなんだ。猿は、

「えらいことをした。漏りどんに尻尾を取られた」ちゅうだけん、一所懸命でがんばって出てこうとするわけだ。

狼が、また、猿の手伝いをして助けてやろうとするわけだ。そうこうするときに尻尾が切れてしまったわけだ。

そいで、そういうことで猿の尻尾は短あて一所懸命踏んばったから、猿の尻《けつ》は赤くなったちゅう、そういうとんと昔があったげな。

〔昭和四十八年六月十七日収録　保々見公民館で　聞き手：酒井董美〕

解説　語り手は保々見・川西茂彦さん（明治二十七年生）である。関敬吾博士の『日本昔話大成』では動物昔話の中の「古屋の漏」として、この話が収められている。猿の尻尾が短くなった由来譚《ゆらいたん》として語られているが、これも一般的なものである。

8．古屋《ふるや》の漏《も》り（その2）

（御波）

とんと昔があったげな。

ある山奥にばあさんが一人暮らしちょったげな。ところがそのばあさん、わがもの食うよりか、銭貯《じえんた》めんのが何よりの楽しみだったげな。

そげしちょったところが、梅雨《つい》のことなら、雨が毎日毎日降って、屋根もなんも腐《くさ》れてようと困って、雨がバタバタバタバタ漏っし、やれ、あっちも金盥《だれ》当てたり、こっちもこと当てたりして漏って漏って家の中があっばのねえほど漏っちょったげな。その晩に山奥から獅子《しし》、狼《おおかみ》が、

「なんと今夜は雨が降っし、あのばばがいい銭持っちょげな。降うだけに行きてあのばばの銭盗ってやらだぁだないか」ちゅうとこで、獅子と狼とがばばがとこへのぞきに行きたもんだげな。そしたところが、ばあさんが、

「なんとなんと、まあ、こげに漏ってから、まあどげだいならんわな。獅子、狼よりも

モッドノ（雨漏り）が恐ろしてていうことがあんに、ほんとに、まあモッドノほど恐ろしいもんはあれせんわ」てて言った。

そしたら、獅子と狼が外からのぞいちょったて、

「なんと、わっわれより恐ろしいもんがあっげなふうだ。モッドノちゅうもんは、獅子や狼より恐ろしいちゅうことだ。そげなもんがおりゃ、とてもこらばばとこの銭だい何だい盗られたもんだねえけん、いないな」ちゅうような細工で、獅子と狼は、何だい盗らずに食う物も盗らぁか思っちょっただいど、食うもんだい盗らずに、えっさこっさに山奥に逃げ込んだちゅうもんだ。そげしたとこめが、今度は替わって泥棒がやって来て、ふたん（二人）の泥棒が、

「あのばばのやつが、今夜ばっかりは有り金みな取ってやっだけん」ちゅう細工で二人のもんが、ばばどげしちょっかな思ってのじちょった（覗《のぞ》いておった）げな。そしたところが、ばあさんは、

「今夜は何だら気味《きび》の悪夜《わり》っだがな」言って、

「こげなおんには、仏さんでも拝まなしゃないわ」。苦しおんの神頼りで、ばあさんは仏さんやなんか拝んだことないだけに、仏さんにはクモの巣や何やらネズミがいっぱい穴を開けて、そこらじゅう見られぬやあな仏さんだいど、そっでもこっでも仏さんに向かって、

「にゃにゃもにゃもにゃにゃもにゃ」言っちょった。言うことも知らんだけん、拝むことも知らんだけに。そげしちょったとこめが、泥棒が二人代わる代わるにのぞいちょった。そしたとこめが、その仏さんの穴がなんぼか開いちょるところからネズミが代わる代わるに顔を出して、そいからまた一《ふと》つが顔を出して、それをただばあさんは拝むことも知らんだけに、

「おんちょろちょろと、穴のぞき」言うと、そのネズミが一つ穴から出てくる。

「またちょろちょろと、穴のぞき」言うとまた一つのネズミが出てくる。そのたんびに泥棒が、一人の泥棒が、中をこうやってのぞく。そのときに、ばあさんが、

「おんちょろちょろと、穴のぞき」

「あのばばめ、後ろに目があっさぁなわ」思って、そいから今度また一つがのぞくというと、またばあさんが、

「おんちょろちょろと、穴のぞき」言う。

「こら、恐ろしいばばだ。なんとこのばばは後ろにも前にも目があっさあなわ」思って、そいから今度はまた一つがのぞくというと、またばあさんが、

「おんちょろちょろと、穴のぞき」言う。

「こら、恐ろしばばだ。なんとこのばばは後ろにも前にも目があっさあなわ」言っとっ

たとこめが、今度はネズミが二つ、穴から出てなんだかチュッチュチュッチュ二人が話しするやあな格好するだけに、それに合わして、ばあさんは、

「二人で何やら話され、申され候」言ったら、泥棒が二人で話をしちょるときに、ばあさんがそげ言ったもんだけに、

「こら、手強いばあさんだ。後ろのところに目があっけん、ここの銭はとても取られしぇんけに、退散しよ」ちゅうとこで逃げたげな。

そっぱかしの話。

［昭和五十二年四月三十日収録　聞き手：宇野多恵子・上田和代・吉本千恵子・酒井董美］

解説　語り手は御波・前田トメさん（大正三年生）である。関敬吾博士の『日本昔話大成』で見ると、前半部は動物昔話の「古屋の漏」、後半は笑話「愚か嫁」にある「鼠経」が一緒になったものである。一応、話型を挙げておく。

三三A　古屋の漏（AT一七七）

1、雨の降る夜、爺婆が虎狼（借金取り）よりも古屋の漏りが怖いと語っている。2、爺婆を食いに来た虎狼がこれを聞いて、自分よりも怖いものがあるのかと思って逃げる。

三八二　鼠　経

1、偽せの僧が婆の家に泊まる。お経を教えてくれといわれて、鼠を見て「おんちょろちょろ出候」と教える。2、婆が唱えていると盗人が入る。盗人は自分の行動をいわれていると勘違いをして逃げる。

怖い話や不思議な話

9. カラスと黒貝《くろがい》

（御波）

昔々その昔、カラスがずうっと白《しれ》え鳥でごわしたふうですだが、そのカラスがね、色が白《しれ》えど、他《ほか》のサギや、そっか、まだほかの白い鳥、おんますだが、カラスが一番白いぐらいの鳥でごわしたふうだに、ところが、このカラスが意地が悪いのと欲が深いのとで、け、「まっとまっときれいにならあ」と思いましてのう、

あるとき神《かん》さんに、

「神さん、頼んますけん、色の白え鳥はわしを一《ふと》つにだけしてごさっしゃんせー」

て言ったところが、

神さん、初めのうちはけえ、

「主《のし》ゃ（おまえは）何を言うだら」て言って、ふとつだり取り合えさったださいぞけえ、毎日、毎日、そう言うもんだけん、しゃごわせんだけんの（しかたがございませんからね）。

今度《こっど》、神さんが、

「主がそげまで言うならしゃあねえけに、色の白《しれ》え鳥は鵠《くぐい》だけに決めっだいど、ところがここに三日の条件をつけっけに。三日間の、生けったのも食わずに、そっか、ほかの生きもんに意地悪せずに、そっからお日さんに全然当たらぬやあに、そっが守られたらけ、主だけを真白な鳥にしてやっだわい」

「そんならけ、わけはごわんせんけん、わしゃせ、三日のことならがんばんますけん」

ちゅうことでけえ、話は駄目がつんだ（結論が出た）ふうでごわすわな。

そっから、あくる日の朝、まだ薄暗いうちに、

「こりゃ、日が出のうちに食うもの食っとかんというと、腹がすくけん」ちゅうで、夜明け前《めえ》せーカラスめは出たふうでごわすわな。そげして海辺の方へ来たとこがなんと、なんだら（何やら）下の方から話し声が聞こえただけにこげして耳を傾けたところめが、いつもいじめられとる黒貝がせえ、大けな声で話しちょっだふうでごわすわな。どげ言っちょっかと思って聞いたふうでごわす。

そうすると黒貝が、

「よい、よい、おまえらち、聞いたかい。あの意地の悪《わあ》り、性の悪りカラスめがのう、今日から三日の間せぇ一《ふと》つだぁりけぇ、わっわらをいじめっことならん、ちゅうことに

なったふうだわい」
「いや、そげだだかい。様《ざま》ぁいいこと。そんな、三日の間、わっわら気のびしようぞ」
言っての、こっだけ大けな口開けて、話したり、ポカーンと昼寝したりしておっだふうで
ごわすわな。そしたらせぇ、
「ええ、糞ったれ」と思って腹が立つだとせえ、神さんとの約束あるもんだけにしゃあ
がない。
「よし、よし、おのっらちゃ三日過ぎてみな、そっこそけえ、倍にしてもでてやっけん」
と思っておっただっとせ、なんだいそらできせず、腹こしらわななならん。そっからせえ、
食う物捜すだっぞ、さて、見っというと、草の実でござれ、果物でござれ、いや魚でござ
れ、いつも食っちょるもんが、考えてみりゃ全部生きもんでごわすだ。
「はてな、こら、困ったことになったが」と思っちょるうちにけ、日が昇っかけただが
ね。そっで、しゃあないけん、
「こんだま、食うもな晩げのことだ」言って、薄暗い森の中へ入《へい》りこんでしまいました。
なんと、そうしちょったところがせ、腹がすうてかなわんだがの。いつも食っちょるや
つめが食わんもんだけん、そっか、日が晩げに沈《すず》んだもんだけん、
「さあ、今のうちに出な」と思って出かけたに、腹すうてよろよろすっやあなっとっだ。

ほっから行きたとこめが、向こうに牛がおっだ。いつもならけえ、つついて悪《わ》さすっだに、そっもできもの、生きものいじめるちゅうことはできんちゅうことになっちょっだけん、そっか、そこを通らとしたとき、ちょうど牛のやつが糞をポタボタッとふったもんだけん、腹すうちょっだけん、

「はてな、こう周り見っとこがせえ、だっだい見ちょうせず、神さんも薄暗《くれ》えけん分かりしめえ、だっだり見ちょらせん。糞なら死んじょっけん」思ったそうな。

そっで、ちょっとつつうた。いや、その口の悪《わあ》っことてて け、急《いせ》で水溜んとこ行きて、口をゆすうでけ、逃げたふうでごわすに。

さあ、食うもんがなあて困っただ。日は暮れんなり、もう目は見えせん。また、巣の中、いんで、

「また、あしたの朝こそ、どうでも出て行かな」と思い、ほっから、朝になったけに出ただっど、案のとおり、またけ、食うものあれせん。そげしてまた日が暮れる。

さあ、三日目の朝になったら、まあ、目が見えたり、見《め》えだったりすっやぁなった。

「今朝《けさ》こそ、どがでもちいとは何ぞ食わな」と思って来たとこがせえ、初めの場所に初めのその黒貝が、

「何とおまえらち、この二日ちゅうものはよかっただねえか、あのカラスのゲタめ（外

道め＝相手をくさす言葉）が来えだけ、まって、わっわらには天国だったがな」ちゅうやなもんで、喜んでおる。

「本当《ほんと》だのう、こげないいことはちょいちょいあらいいにの」

カラスは、け、腹立っだっど、目がくらくらすっほど腹すいちょるもんだけん、ほっか（それから）、け、ひょっと見たとこが、何と大けな黒貝が口を開けて、うまげな肉が見えちょっだけん、神さんとの約束をちょっと忘れてけ、中の肉をバクッとやっただ。いや、黒貝がおべえたのなんの、蓋をけ、パシーッとやったもんだけんカラスは口ばし挟まれて、「アオン、アオン」言っちょっだわの。いつもならせ、じき、石にたたきつけてでも中めえで食ってしまうだっども、腹すうちょっけに、そういうわけにはいかんだけに、「黒貝よ、だ（わ＝自分）が悪っかったけん、頼んけん、離《はね》えてごせな。だ（わたし）、死のっやあでおっけん、頼んけん」言うだいど、黒貝、ギッチリ挟んで離っしぇん。「だはな、わがとこに子供置いちょうだけん、だがいなな（自分が帰らぬと）子がほえっけん（泣くから）、頼んけん離《はね》えでごしぇな」ちゅう。どげ言ったたって、黒貝、離っしぇん。

け、そうこうするうちに日が昇ってきたもんだけん、さあ、そろ見た神さんが怒っただ。「カラスよ、カラスよ。だはな、主《のし》がどげすっか思って三日の間、見とったに、主《のし》ゃ、まず第一に牛の糞食ったわいな。二番目に黒貝の口を開けちょっやつを肉をつついたと、そっか、三番目に日に当たんな言うに、三日目に日に当たっただないか。主ゃ約束を守られんけんつまらの。そっで、牛の糞と、ほっから、黒貝と、ほっか、お日さんに焼けた分だけが主の色だ」

そっから、カラスは今《んま》のやあに真黒になってしまったちゅうわな。そっでカラスと黒貝めは、今でも時々けんかしておるふうでごわすに、そのけんかは、

黒貝離せよ、子がほえる
なーにを言うだら、糞ガラス

と言って、今でもけんかしているふうでごわすわな。

［昭和五十一年八月二十一日収録　聞き手：大野晃子・添田シゲ子・佐野敏子・濱谷深希・酒井董美］

解説　語り手は御波・濱谷包房さん（昭和三年生）である。関敬吾博士の『日本昔話大成』の話型には見つからないものである。

10．魚屋《さかなや》と山姥《やまんば》

（菱浦）

昔、魚屋の話。

魚屋はモツガイ（森）の方へ魚売りに行きたそうな。

暮れてしまったので、そっからま、

「どこか灯の見えっとこがありゃ宿借りようか」と思って尋ねたところが、あるところに灯が見えっだけん、そこへ行きたら、おばあさんが綿引《ふ》くっくとる。ビェンビェーン、ビェンビェンビェーン引《ふ》きよる。

「なんと、おばあさん、すまんだいど一夜の宿貸してくださらんか」言ったら、

「ああ、わしが独りおるもんだけん、汚《きた》ならしげなとこだいど、泊まらと思やぁ休んでごさっしゃいや」ちゅうて言ったところが、そのときに魚の残りがあった。鯖《さば》をやったら、燃やすとおばあさんは頭からバリバリ、バリバリバリ食ったげな。

「こりゃま、ろくなもんだねえ。ここに休ましてもらったてや、命取られる」と思って、

10. 魚屋と山姥

「まあ、おばあさん、小用《しょうよう》（小便のこと）に行きてくっわな」言うと、「はいはい」言って、そっから行きたところが、その魚屋が早々もどって、さぁどけ通ったかやと思って、

「どけだり行くとこがねえがな」と思って、それから出たところが、

「魚屋さぁん、魚屋さぁん」言ってそのばあさんが呼ぶだいど、

「こらぁま、ろくなことだねえわい」思って、そっからぐるっと回って、その元の家の戸口に行きたところが、

「こら思ったもんだわ」言って、天井に上って行きて休んでおると、

角の大きな囲炉裏《いろり》があって、おばあさんがそこで火てぇて、

「ああ、お客取っそぶったな」いって独り言《ごと》言って、戸棚から餅を出えてきて、

「焼き餅でも焼いて食わぁかな」思って、焼いて、そっからまた、そのばあさんがひっくり返し、ひっくり返しして、いい具合に焼けた。

それから、ま、おばあさんが居眠りすっだ。そっで、なんぞここにあれせんか思ったら、竹のイカ串の棒があった。魚屋さんは腹空いて困っだけん、天井の煙の出っとこからつついて、焼き餅しゃばりあげて（引っ張り上げて）取って食って、そか、あんまり美味《うま》いもんだけん、まだ一つ食べたに。や、おばあさんが目が覚めたそうな。

「いつだい、この焼き餅がなくなったことはねえに、どこぞ魚屋さんがおれせんか」

思って、また、

「魚屋さん、魚屋さん」言って捜すそうな。そんならま、魚屋さんは、

「上がってこならいいがな」と思っとったに、後にゃばあさんもくたびれて休んで、

「さあ、休んだわい」言って、魚屋さんは、まだ暗ぇもんだけん出られはせんし、明けの朝の暗《くれ》えうちにそっから降りて、道々、帰る道を間違えて、そぉからほんとの上がったところの道へ出て、それから帰ったちゅう。

〔昭和五十年六月七日収録　聞き手：福原隆正・池田百合香・大上朋美・小新恵子〕

解説　語り手は菱浦・渡部松市さん（明治二十八年生）。郷土部活動の初期に聞かせていただいた話である。渡部さんの話は伝承されているうちにかなり省略が進んだもののようである。しかし、元の姿を求めると、いわゆる「牛方山姥」に帰着する。関敬吾博士の『日本昔話大成』を引用すれば、本格昔話の「十三　逃竄譚」の中に次のような戸籍となっている。

二四三　牛方山姥（AT一一二一）

1、馬子（牛方）が馬（牛）に塩（魚・米など）を積んで運ぶ。途中で山姥にあって塩・馬を食われる。2、馬方は（a）舟の下、（b）萱の中、（c）木に登って、舟大工・萱刈り・樵夫に助けられて逃げる。3、一軒屋に行き、娘の援助で天井に隠れる。4、山姥が帰り餅を焼くので、天井から竿でついて食う（鼠だと考え恐れる）。

5、山姥は（a）風呂釜の中に、または（b）櫃の中に入って寝る。6、（a）風呂釜に水を入れて煮る。または（b）櫃の中に熱湯を注いで殺す。

ここで少し注釈を加えておくならば、「二四三・牛方山姥」の後に（AT一一二一）とある「AT」の意味は、Aがフィンランドの民俗学者アアルネのことで、Tはアメリカの民俗学者トンプソンのことである。この両者の研究から昔話の話型分類ができたので、その番号を「AT○○…」と表し、関敬吾博士も自身で行った日本昔話の分類に併せて、アアルネ・トンプソンの分類を対照させて示している。解説の他のところにもときどき、ATの表記が出てくることがあるので、同様にしてご理解いただきたい。

さて、渡部さんの話は、この話型から見れば前半部分と後半部分がなくなり、主人公が山姥の家に入り込むところあたりが変形されて、家にいるおばあさんが山姥だったということになっている。そして後半の山姥を退治るところが消えて、主人公が元の道に出て無事にわが家に帰ることで話は終わる。また、海士町での主人公は牛方ではなく魚屋ということになっているが、本来は牛方とか馬方であり、彼らが運搬する荷物に魚があったものが、ここではそのまま魚屋となったと思われる。このように伝承の中で多くの変形や省略が生まれるが、渡部さんの話もそのように変化した話と考えていただきたい。

なお、渡部さんは中里出身。昔話は鍛冶屋のおじいさんからよく聞かれたという。また、子供同士集まって話をしあったときに聞いて覚えられたとのことだった。

11．鶴《つる》の恩《おん》返《がえ》し

（保々見）

昔、その昔ねえ、狩人が狩に出たという。そして向こうの小枝に鶴が一羽止まっていたので、それを撃ち取ろうと狙ったところ、それを見つけた貧乏な人が、

「鶴はかわいやナンマンダブツ」とうたったので、それを聞いた鶴はびっくりして、飛んで逃げてしまった。

それから四、五日たった後に、その人のところにきれいな娘さんが来て、

「自分を必ず嫁にしてくれ」と言うけれども、その人は、

「自分は貧乏ではあるし、嫁をもらっても生活できないから、絶対にだめだ」と答えた。

しかし、娘さんは、

「食べることは自分ですっから、嫁にしてくれればいい」と言う。

とうとう断わりきれずに嫁にしてやった。

すると、嫁さんは、

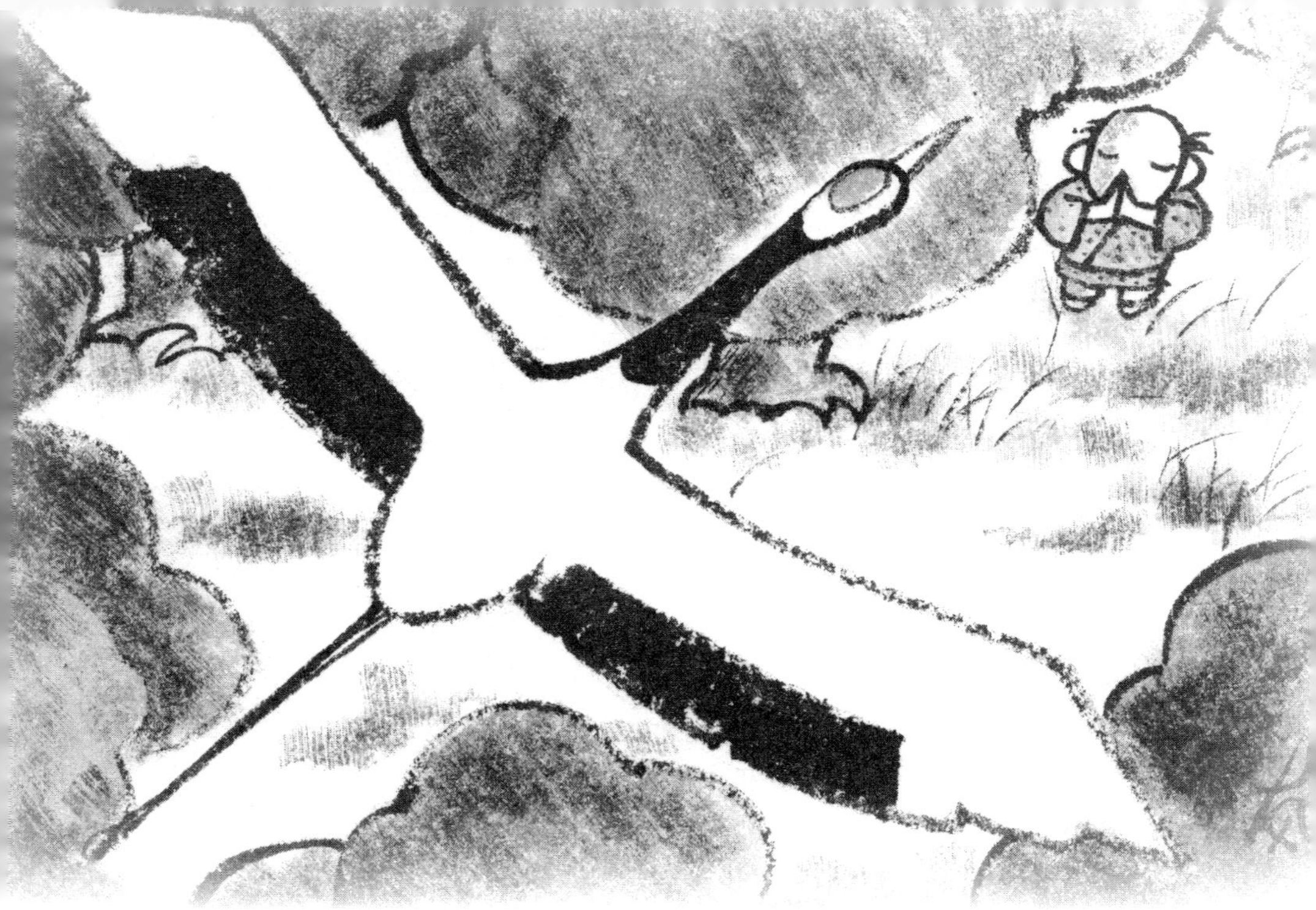

「今日は枠《わく》を借りに行ってこい」

「今日は車（木綿車のこと）を借りに行ってこい」と婿さんを使いに出し、借りてきたらそれで嫁さんが朝から晩まで糸を引き、それで機《はた》を織ったわけだ。

機ができあがったところ、

「これを町へ売りに行け」と言ったから、婿さんは売りに行った。

ところが、どうした技術かは知らないが、とんでもないよい値で売れて、帰ると嫁さんも喜ぶわ、自分も喜んでおったって。

そのとき、嫁さんが奥の一間へ入って、いっぺんに姿が変わって、羽のない元の鶴になってしまって、

「自分は、こないだ危ない命をおまえ

のおかげで助けてもらった。その恩返しに自分の羽で機を織って金に換えさせたわけだから、この金は必ずためになるように使ってほしい。今度、何かいらぬものがあれば買え」と言い残して去って行った。

で、婿さんは、

「いらぬものがあれば、値ように買うから売ってくれ」と言って、漁師町の方へ歩いて行ったところ、漁師が、

「あ、おもしろい男が出てきた。それなら海岸近くの藻葉《もば》を売ろう」と藻葉を売った。

婿さんは金が半分しか残らないし、買った藻葉の始末にも困っておった。

そうしていたら、漁師の親方がやってきて、

「なんとまあ、一つ相談にきたが、乗ってくれんか」

「何ごとかいな」

「おまえに藻葉を売ったが、藻葉がなくなったら魚がおらんようになって困った。おまえの言うほど金をやるので、契約を解除してくれ」

婿さんも本当は金がなくなり困っていたところなのでたいへん喜んで、

「そんなにおまえらが困っているようなら、契約は、まあやめましょう」と、言うほど金をもらってやめたわけだ。

それで人に報いれば、必ずそういいことが報われてくるから、人は助けてあげなければならないと昔から言われている。

［昭和四十八年六月十七日収録　保々見公民館で　聞き手：酒井董美］

解説 語り手は保々見・川西茂彦さん。これは有名な「鶴女房」の海士版といえばよい話である。まず関敬吾博士の『日本昔話大成』に出ている元の話は、本格昔話の「二、婚姻・異類女房」の中に次のように記されている。

一一五　鶴女房

1、傷つきまたは殺されようとしている鶴（山鳥・雉子・鴻・鴨）を若者が助ける。美女が訪れてきて妻になる。2、女は機屋で機を織る。機を織っているところはのぞいてはならぬと約束する。3、布が高価に売れる。夫は再び布を織るようにたのむ。4、夫が機屋をのぞくと、鶴が羽毛を抜いて機を織っている。5、女房は正体を発見されて去る。

これが普通のタイプであろう。ところが、川西さんの話は多少異なり、関氏のものと比べると、機屋で織るところを見てはならないとするタブーはなく、機を織り終えた女が機屋に入って姿を変え、「いらぬものがあったら買え」と謎めいた言葉を残して鶴の姿に戻って去る。男が正直に女の言った通りにすると、結果的にはたいそうな金になるという話で終わる。このように漁業の盛んな海士町らしい話になっているところがおもしろい。わたしも大学の講義などで、鶴女房の講義になると、必ずこの海士町の話を紹介することにしているが、学生諸君も地域性の違いに興味を持ってくれるようだ。

12. 大歳《おおとし》の夜《よる》

（保々見）

昔々、あるところにたいそうなお金持ちの家があり、近くには貧しい貧しい一軒の家がありました。そこにはおじいさんとおばあさんとが暮らしておりました。お金持ちの家では年の瀬が迫ったというので、お餅をついて下女や下男や年男を呼んで、とてもにぎやかに騒いでおりました。

一方、おじいさんやおばあさんの家では、餅をつくどころではなく、年越しをするのに粟《あわ》一升しかなくて、

「まあ、じいさんよ、困ったもんだなあ。粟一升あっだけん、粟の粥《かゆ》でも炊いて食べらいいだいど、神さんや仏さんに供えるもんがなあて、困ったもんだなあ」と言いますと、じいさんも、

「そげだなあ、困ったなあ」と言って、二人が思案していたけれど、一度に声をあげて、

「あったぁ」と庭を指さしました。そこには今年の正月に焚く炭が一俵だけ転がってお

りました。

そこのおじいさんやおばあさんは、普段、炭を焼いたり、薪《たきぎ》を取ったりして、村へ持って行って売って、それでどうなりこうなり生活をたてておりました。

「じいさんよなあ、あの炭を売って仏さんや神さんに供えるもんでも買わだないか」

「いや、わしも今それ、思い出して言っただわなあ」

「ああ、そりゃいいことだ、いいことだ。そんなら、じいさん、ご苦労だだいどのう、村へ行きて寒いだだいど、売って何でも買ってきてござっしゃいな」

「ほんなら、行きてくっけんなあ」

そう言って、おじいさんは寒い中を素足《すあし》にワラジを履《は》いて、その炭を売りに出ました。

片一方の長者の家にはみすぼらしい老人が門に立って、

「三日も食べんとおって、お腹が減るし、寒いし、凍《こご》え死にそうなから、何でもいいから恵んで」と言ったら、年男が出てきて、

「まあ、ちょっと待っとれよ。旦那《だんな》さんに聞いてくっけん」と言い、それから旦那さんに聞いてからもどって来て、

「旦那さんがなあ、おまえのような乞食にはなあ、捨てるもんがあってもやるもんがないけん追い出せ、言ったけん、出て行け」と、その乞食を追い出して門を閉めて入ってし

まったって。

そこでどうしようもないから、その老人は、困ったもんだと思いながら、凍え死にそうになって塀にすがってうつむいておったところへ、炭売りにきた貧しいおじいさんが通りかかって、

「ちょっとちょっと、じいさんや、なぁせそげしてござる。具合でも悪いこたぁねえかの」と言うと、

「具合は悪くねえだいぞ、腹がすいてな、わしゃ凍えそうになって、ここの家がえらい餅ついてにぎやかにしており、いろいろとよけいあるもんだけん、わしに食わすもんはあらぁわなあ、ご飯一杯も呼ばりょうか思ってなあ、頼んでみたけど、『乞食に食わせるもんはない』言ってなあ、ここへ追い出されて戸を閉められてしまい、どうしようもなあて、ここにこうしてしゃがんでおったようなことだぁね」と答えた。

それを聞いた貧しいおじいさんは、

「ともかく何もないけど、わしのところへ行かあや」と言うと、

「ほんなら、世話になろうか」というようなことで、おじいさんはその老人を自分の家へ連れて帰ったって。

「今もどったわい。ばあさん」

「やれ、もどらしたか。寒かっただらあがや」

「おお、寒かったけど、いいことしたわい」

「ああ、そぎゃかの、えらいいいことさしたのう」

そうして、老人を家へ入れたら、その老人は気の毒がって、庭の隅のムシロの上に座って、

「わしゃ、ここでいいけに、ここに置いてもらうけに」と言って一服したけれども、おじいさんやおばあさんは、

「まあ、何ちゅうこと言わっしゃる、この寒いに。年寄りは炬燵《こたつ》に当たっとっても寒いに、そげなところへ座っとりゃ冷えてしまっけに、はや、ここに上がらっしゃい」と二人で手を取って、老人を座敷に上げてやって、どんどん薪を焚いて当たらしてあげたって。

「じいさん、何ぞ買ってござったか」

「おお、炭売って米一升買ってきたけに、はや、これを炊いてこの人に食べらしてやれよ」

「おお、じいさん、そりゃいいことをした。いいことをした」

「明日の正月はどげでも、今夜が正月だ。さあ、お客さんがござった。いい正月だからお粥《かゆ》を炊いて、お客さんにたくさん食べさしてあげようや」というようなことで、お粥を

炊いて、

「さあ、食わっしゃい。さあ、食わっしゃい。腹いっぱいになっても食わっしゃいや。容赦《ようしゃ》（遠慮）すんなっじゃ」

こう言って、二人がその老人をとてもだいじにして、お腹いっぱい食べさせて、寝るときには一枚だけの煎餅《せんべい》布団をその老人にかけてあげて、自分たちは庭の隅にあったムシロを取ってきて、二人仲間に着て寝た。

それから、朝、目が覚めてみたら、老人はもぬけのカラで姿が見えない。

「おかしなことだなあ、じいさんよ。あのおじいさんはおらんわい」

「どげいうことだ。この寒いにどこだい行くところもねえに、出て行かしただらぁか。容赦な（遠慮する）人だなあ」と言いながら、

二人がふいと庭に降りて、あたりを眺めたら俵が三重ね積んであり、その上にお供えの餅が四重ね積んであり、そしてそばに小判十枚入った袋が乗せてあった。

「こりゃありがたいことだ。あのおじいさんは乞食じゃない。あれは金《かね》の神さんだわあ。われわれの心見にござったただらあか」というやなことで、そいで喜んで近所の人を呼んで、

「夕べは金の神さんがうちに泊まらして、お粥食べさしただけだに、こげぇなようけ、何百倍にしてもどしてくれたけに、われわれだけ食べては罰が当たるけに、さあ、みんな

来て食べてください。他の人も少しずつでも持って帰ってください」言って分けてあげて、そして祝ったそうです。

そしたら、もう片っぽの分限者の方は、正月の五か日が過ぎたら、売り家の札がかかって門が閉まっちょったそうです。

そいで部落の人がみんなが、一斉に声を合わせて、

「普段から欲な人で捨てるものがあっても、人にやんのは嫌な人だったから罰が当たっただなぁ。あんたたちはな、なんぼ貧乏しちょっても、人を労《いたわ》ってあげただけん、金の神さんがちゃあんとあんたたちの心を見込んで、そして助けてくれたんだなあ」

みんなが喜んだり喜ばれたりして、ほいで、そこはだんだんだんだん困ったりしちゃあお米が入ったりして、安楽に長生きされたそうです。そんなお話でした。

［昭和五十二年四月二十三日収録　聞き手：上谷千代美・宇野多恵子・上田和代・吉本千恵子・酒井董美］

解説　語り手は保々見・徳山千代子さん（明治三十七年生）。関敬吾博士の『日本昔話大成』の本格昔話で、「大歳の客」と呼ばれる話である。歳神が乞食に姿を変えて人々を訪ね、よい人かどうかを試し、貧乏ではあっても心のやさしかった老人夫婦に幸せを授けるという図式になっている。

まず、関敬吾博士の『日本昔話大成』から、この話の大筋を紹介しておこう。

一九九A　大歳の客（AT七五〇A）

1、貧乏人の夫婦が大年の夜乞食を泊めて親切にする。乞食は（a）翌朝黄金になっている。（b）井戸に落ちたので引き上げると金。2、隣の金持ち夫婦が翌年の大年に乞食を捜してきて無理に泊める。（a）乞食は汚いものになる。2、井戸に落ちたのを引き上げてみると牛の糞。（c）蛇になって二人をのむ。（d）乞食は蛆になる。（e）死んでいる。（f）金にならないので殺す。

この全国的なタイプから、保々見の話を当てはめてみるならば、もともとは長者も隣人タイプとなって、翌年の大歳（大年）に失敗する話だったのだろうが、伝承の過程で改変されて没落してしまっているのであろう。

語り手の徳山さんは海士町保々見地区で一人で生活しておられたが、いつも明るく私たちに協力的だった。そして昔話の語り方は実にキメ細かく、温かい雰囲気の中で楽しく聞かせていただいたものであった。ご家族には恵まれなかったのか、孤独な暮らしであり、かなり大きい男女一対の幼児の人形が、常に篭の中に置かれていたことを思い出す。最初見たときは、この人形はまるで生きているような感じだったので、ちょっと異様に思ったものである。寂しい一人暮らしのつれづれの慰めに、それは飾られていたのであろう。今も懐かしく当時の様子が思い出されるのである。

13. 狐《きつね》の変化玉《へんげだま》

（御波）

昔、ある村に大きな杉の木があり、木の根かたを川がちょろちょろ流れております。その木はとても大きく枝は向こうの山へ届いておりましたと。

その枝を伝って毎晩のように悪賢い狐がやって来て、下を通る村の人をさんざん化かして困らせました。ある人は重い荷物を持ってそこへ来ますと、狐がちゃんと牛に化けておりまして、

「これに積んで、牛に背負わせなさい」と言うので、そうしますと、荷物はすっかり狐に持って行かれてしまったというような調子です。それで村の人はお寺の和尚さんに狐を退治する方法を相談しました。

「あの狐を退治する方法はないだろうか」

「よしよし、そんなら、わたしが一つ、悪狐を懲《こ》らしめてやろう」

和尚さんは、小さい船を作り、杉の木のそばの小川の草むらへ隠しておきました。そし

て丸い手まりほどの石を捜し、それに岸辺でさんざん泥を塗りたくりました。

「もう狐が出そうなものだが」と思っていますと、例の狐がザワザワと葉の音をさせながら杉の木から降りてきて聞きました。

「和尚さん、何をしてござる」

「これは変化玉《へんげだま》といってな、わたしの寺では先祖代々大事にしとった玉だ。このごろこれを盗もうという話が伝わったので、わしゃわざっと、この川で汚《よご》らけて持っていなあと思っとる」

「和尚さん、わしの変化玉は七変化《へんげ》だが、おまえのはなんぼだ」

「わしのは八変化だ」

「はてな、本当に八つも変化られっだらあか。そんなら変化やっこをしてみようだないか」

和尚さんは言いました。

「よし、おまえから先にしてみい」

「おお、何に化けっだ」

「まずはめでたい七福神に化けよ」

「よしきた」。狐が宙返りを一つしますと、恵比寿《えびす》さん、大黒さん、布袋《ほてい》さんと出て、最

後に美しい弁天《べんてん》さんになりました。和尚さんは、

「そっで、おまえ、種切れか」

「そら、七変化で後はあれせん」

「わしのはもう一つ、七福神の乗る船に化けられる」

和尚さんが糸で縛って船を隠しておいた草むらにその石を投げて、引っ張りますと船がぞろぞろ出てきました。

さあ、狐がそれを見て変化玉がほしくてならなくなったげな。

「なんと和尚さん、頼みがあっだいど。その玉とわれが玉と替えてもらわれんだらか」

「いや、バカなことを言うな。代々の和尚さんが大事にしていたこれはやられの」

「そこを何とか、ごさんだらあか」

「おまえ、寺の宝がなあなってだめだ」

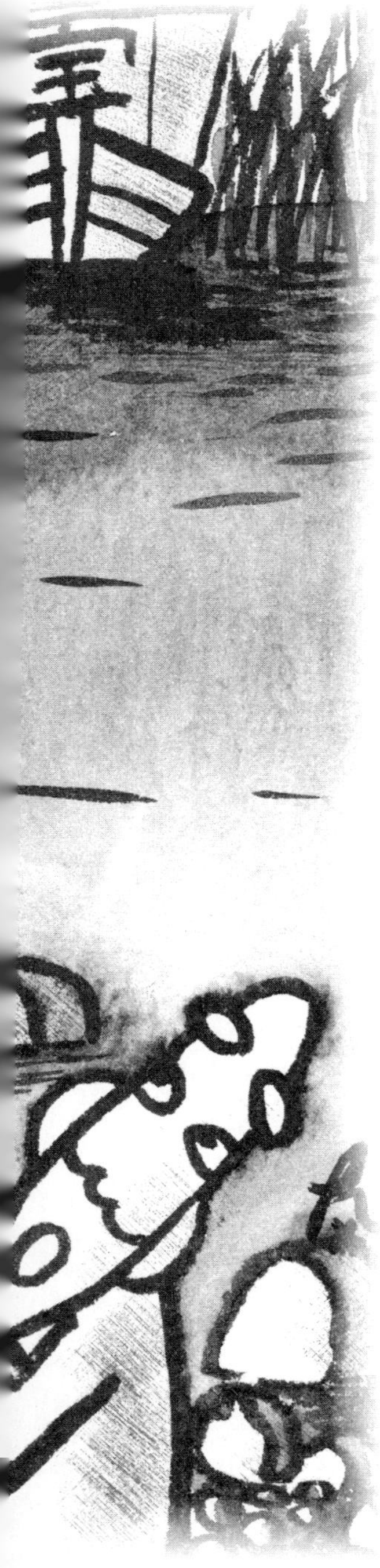

「われが今まで溜めた金と宝を全部つけてやっけん」

「よしよし、ここで一つ替えてやろう」こう思った和尚さんは言いました。

「そんなら、交換してやる」

そこで手に手を取り合って交換したとたん、和尚さんは狐からもらった玉を石に投げつけ、粉々にしてしまいました。そして、金と宝は袋に入れて持ち帰ろうとしますと、狐は、

「和尚よ。おまえがなんぼ持って行こうとしても、わしがちょっと化けてそれを取り上げてみせる」と言います。

「それなら取ってみい」

和尚さんが答えますと狐は、

「大蛇になれ」とやってみましたけど、何にも変わることはできません。それで狐はとうとう泣き泣き山へ帰って行ったということです。

［昭和五十一年五月二十九日収録　聞き手：萩坂昇・大島廣志・大上朋美・池田百合香・濱谷深希・酒井董美］

解説　語り手は御波・濱谷包房さん（昭和三年生）。関敬吾博士の『日本昔話大成』でこの話の戸籍を調べると本格昔話「人と狐」の中の「八化け頭巾」に当てはまるようである。濱谷さんの闊達《かったつ》な語りで楽しんでいただきたい。

14. 産神問答《うぶがみもんどう》

（保々見）

昔々、遍路《へんろ》さんがサイの神さんのところで休んでいました。サイの神さんというのは、峰の境目にある神さんで、目の見えない神さんでもあり、そこを通るときには、みんながついてきた杖をあげると喜ばれて、目も治してくれるし、助けてくれるそうです。

さて、夜中になって、

「サイの神さん、サイの神さん」と言って起こす者がおりました。遍路さんは、

「はてな」と思って、聞き耳を立てていたら、箒《ほうき》の神さんと檐桶《たご》の棒の神さんでした。

「村にお産がある。時間だけん、サイの神さん、行きましょうや」

「おう、おまえらちゃ来たか、そんな一緒に行くだわい」

そう言って神さんたちは村へ下って行ったそうですが、夜明けになって帰ってきて、

「ああ、よかった、よかった。お産は無事にすんでよかっただいど、一人の男の子の方はかわいそうなことだ。気の毒だいどしゃあがねえだな」

「女の子の方は、がいに幸せな子で、一日に塩を三合も使うような身分を持って生まれとっだいど、男の子の方は一年に一合の塩を使うだけしか運を持っておらんので、かわいそうなことだいど、しかたがねえだわい」と話し合っていたそうです。

それからまあ遍路さんは、

「おかしなことを言うわいな。わしゃ夢見ちょっだらあか。ま、とにかく下って聞いてみら分かっだけん」と思って、それから村へ下って村人に、

「夕べ、この村に産がありましたか」言って聞いたら、

「はい、ありました。男の子と女の子と生まれて、そのニョウバン子（女の子）の方は、がいにいいとこの子でもねえだいど、

男の子の方は、がいにいいとこの子だわい」と話したものですから、

「ああ、そげなら、夢だなかったわいな」と思っていました。

それからまた、何年も経って、女の子が嫁さんになって行くようになってから、遍路さんは、神さんの言ったことが本当か嘘か、確かめようと、もういっぺん、その村へ行ったら、男の子の方は死んでしまっていて、もうおりません。しかし、女の子の方は酒屋の嫁さんになって、とても繁盛しておりました。遍路さんは村の人に男の子のことを、

「どげな暮らしをしとったかいな」と聞きますと、

「かわいそうに。身体が弱いでもないのに、することなすことが、いい方へ一つだい向かんで、まっで乞食のやあな生活しとってな。そいで、そこの酒屋さんの嫁さんが同じ年の同じ日に生まれたいうで、自分の兄弟のやあにえらいかわいがって、いつも家へ来りゃ握りして食わしたりしちょったにな、旦那さんがある日、奉公人にも示しがつかんし、格好が悪いけに、家やなんか入れて食わすことはならんけん、言われて、そっから、しかたがないだけん、風呂場へ連れて行って、火焚くとこの釜の前へ座らして、そこでいつもご飯やったりして、食べさしておったのに、そこで風呂場の灰を掻きながらご飯食べちょって、け、こっとり死んだとえ。そっでな、その女の子の方はがいに繁盛しちょって、土地を買って、墓立ててやって、今でも祀《まつ》っちょとえ」と話してくれたそうです。

ですから、人間はいつもいいことしなければいけませんよ。それで櫓桶の棒なんかでも箒でも何でも、おまえたちは踏んだり、蹴ったり、またがったりするけれど、そんなことをしたら罰が当たるから、もっと大切にしなさいよ。女の子は子どもを生むときには、箒の神さんも櫓桶の棒の神さんも回り荒神さんも、みな寄ってこられなければお産はできないのだからね。ついうっかりして足に当たったりしたら、拝んだりしてちゃんと扱わなければいけないのですからね。

［昭和五十一年五月一日収録　聞き手：大上朋美・池田百合香・小新恵子・酒井菫美］

解説　語り手は保々見・徳山千代子さん（明治三十七年生）。関敬吾博士の『日本昔話大成』でこの話の戸籍を調べると、「本格昔話」の「五　運命の期待」の中の「産神問答」に当てはまる。この話は四種類になる。一つは父親が産神の問答を聞いて今度生まれる自分の男児には福運がなく、同じ日に生まれた貧乏人の女児には運があり、将来、その女児と息子を結婚させるが、やはり、男の子の方はせっかく結婚しながら離婚して運から見放される、という話であり、二つめは炭焼きの子型で、炭焼きの子の運を産神が占い、子はその通りに王様になる。三つめは虻と手斧型の話であり、産神の言うように虻に刺されようとした息子を、父親は手斧で虻を追い払おうとして、誤って息子を切り殺してしまう話である。最後の四つめのタイプが「水の神型」と呼ばれているもので、河童などに命を取られる運命であるが、父親の機転でその運命から逃れる話になっている。今回の話は最初の話型の変形であり、サイの神に宿る男の子の父親は出てこなくて、それに代わって遍路さんが登場しているのである。

15. 舌切《したき》りスズメ

（菱浦）

とんとん昔があったげな。

おじいさんは山に仕事に行きまして、そっからおばあさんは、「あんまり天気がいいけん障子貼ら」と思って、障子を洗って、いっと糊を煮ておって、糊出ぇて貼っだと思っとったとこが、スズメが籠《かご》から出て糊を食べたらうまいだけん、みんな寄せて、チンチクチンチク、皆で食べて糊がなあなってしまって、

「飼とったあのやつが友だちを連れてきて、すっぱい（全部）食べた」てて言って、おばあさんが、けぇ、捕まえて、そのスズメの舌切って放《はね》てしまった。

そのスズメがいたしだけん、チイチイ、チイチイ言ってけぇ、竹山へ舞って飛んだ。

そっからま、昼頃になって、おじいさんが帰って来たに、

「籠に入れちょったスズメが、なんぼ（いくら）口（鳥籠の入口）開けてあっても、またもどってくんに、今日はけぇ、なんぼしたってもどらんが、どがしたえ」

「わしが糊煮て障子貼らぁと思っとったとこが、友だち連れてきて食べてしまった。腹が立ってけぇ、舌切って放たらけぇ、舞って逃げて飛んだ」

「そらまた、いたわしことしたな」てて言っての。

そっからま、おじいさんがまた支度をして。杖ついて、

「舌切りスズメ、どっこどこ」言ってま、友だちと薮の方へ行きたら、食っとったスズメが、

「ようこそ訪ねて来てございました。われがけぇ、おばあさんに悪ことして、舌切られてけぇ、ものが言われんになって困った」

「ああ、いたわし、いたわし」

そっから、おじいさんが昔竹でこしらえた行李《こうり》があったに、そんにスズメがなんやかんや入れて、おじいさんが持って帰って、おばあさんに、

「あのスズメから土産もらってもどったわい」言ったら、

「いいもんばっかし」

「そらそげかね」言って。

そっから、また、そのばあさんが訪ねて行きたところが、行李に入れて負ってもどったところがけぇ、えなげなもんばっかし入っちょった。そげまでの話だな。

15. 舌切りスズメ

［昭和五十年五月三十一日収録　聞き手：池田百合香・若松紀子・福原隆正・酒井董美］

解説　語り手は菱浦・渡部松市さん（明治二十八年生）。関敬吾博士の『日本昔話大成』でこの話の戸籍を見ると、「本格昔話」の「八　隣の爺」の中に「舌切り雀」として登録されている。ただ、渡部さんの語りは、かなりあっさりしていて、他の地方ではおじいさんがスズメの宿を訪ねるおり、牛洗いの男や馬洗いの男に道を尋ねるが、牛や馬を洗った水を飲む条件で道を教えてもらったりなどしてスズメの宿に到着する。渡部さんの話ではそれはない。伝承の過程でその部分が消えたのだろう。これも地域性の特徴と言えるのではなかろうか。

16．山姥《やまんば》と爺《じい》

（保々見）


昔々、その昔、ずうっと昔のその昔、まだまだ昔のその昔。

ある村に山姥《やまんば》がおって、隣のじいさんと「木樵《こ》りに行かや」言って、じいさんは山姥ぁ知らんから一緒に山に行きました。

ほいで、行くときにはばあさんは大きな桶《おけ》を負って行きました。

「ばあさん、ばあさん、おまえ、そげな桶持って行きて何すうだ」言ったら、

「こら、スクドでもなんでも、焚き付け入れてもどるだわ」言って、

「あ、そげぇか、そげなもん持って行きゃぁでも、だぁ（わたし）が縛ってやぁだわい」言ったのに、

「あ、ま、いいだわ、いいだわ、持って行くだけん、桶に入れてもどった方がすたらでいいだけん」言って。

ほいで、行きて、じいさんは一生懸命に木い樵《こ》るに、山姥は遊んで木も樵らず、焚き付

けも樵らずおったに、まあ、腹がすいて昼になって、じいさんが、

「ばあさんや、おまえ、腹がすいたけに、いなあや」言ったら、

「じいさん、じいさん、この桶ん中へひゃあれな。おまえ、いっと（たくさん）世話《しぇわ》やいた。わしゃ、遊んじょっただけんな、楽なけん、おまえは負っていんでやぁけん」

「わしゃ、木い負っていなんならんけん、その桶の中へひゃあられしぇんわい」言ったに、ほいたら、ばあさんが、

「そら毎日でもだぁが仕事に負ってやあけん、じいさん桶の中へひゃあなれなあ。わしが負っていんでやあけん」

じいさんが桶の中へひゃったら、蓋ぁして縄で縛って、そいで、ばあさんが負って帰りかけたに、あんまりせつんなって（苦しくなって）腰をすけて休んだら、

「こら恐ろし、どこそ連れて行きて殺されるだらか分からない。このばあさんは何者やら分からんけん」思って、ばあさんがこんだ、せつなて居眠りしている間に、そぉっと桶から抜け出して、山を越え駆けって行きて隠れちょったら、ばあさんは、それ知らずに、

「ああ、すけたら軽んなった。すけたら軽んなった」言って、持って帰って開けて見たら、じいさんがおらいでおびぇたげな。

とんとん昔のその昔、こげな話があったげな。

［昭和四十八年六月十七日収録　保々見公民館で　聞き手：酒井董美］

解説　語り手は保々見・徳山千代子さん（明治三十七年生）。関敬吾博士の『日本昔話大成』の「本格昔話」の「食わず女房」にその戸籍はある。徳山さんの話は、その形が伝承の途中で崩れてしまってはいるが、海士町にもこの話が存在していたことを証明してくれている。一応、関博士の戸籍を紹介しておこう。

二四四　食わず女房（AT一四五八、三三三、一二八〇）

1、男が飯を食わぬ女房を欲しがる。飯を食わぬ女が訪ねて来たので女房にする。2、飯を食わないのでのぞくと、頭の穴に飯を入れている。3、追い出そうとすると、彼を桶の中に入れて山にかついで行く。男は途中でのがれて、菖蒲・蓬（譲り葉）の中にかくれる。4、山姥（鬼女・狸・蛙・蛇・蜘蛛）になって追いかけて来るが、男のいるところに近づくことができない。5、（その日が五月五日で、それ以来菖蒲・蓬を軒にさすようになる）。

徳山さんの語りを比べてみると、主人公が飯を食わぬ女房をほしがる若い男ではなく、最初からじいさんとなっており、後半部も山姥がじいさんを追いかけるストーリーとはなっていない。山姥はじいさんがいなくなったのを知ってびっくりしたままで終わっている。

それはそれとして、私は伝承の変化を示している昔話を聞くのも、またそれなりに意味のあるものだと納得しながらうかがったのであった。

17. 地獄《じごく》と極楽《ごくらく》

（御波）

とんとん昔があったそうな。

あるところに和尚さんと小僧さんとおったそうな。小僧さんは毎日、「南無阿弥陀仏《なむあみだぶつ》」と唱えておったそうな。

ある日のこと。小僧さんは和尚さんに、

「なんと、和尚さん。地獄、極楽ちゅうもんがあるそうなに、その地獄、極楽、いっぺん、わしの前で悟《さと》るように見せてごさんか」と言ったそうな。

そうしたら和尚さんは、

「そうか、そうか、おまえ、地獄、極楽いうものがあるかどうか、信用できのか（できないのか）。そんなら今日は地獄、極楽を見せてやっけんこっちへ来い」と言って、和尚さんは小僧さんを連れて、遠い遠い野原のようなところへ行ったそうな。

そうしたところ、その野原にはりっぱなテーブルや金銀の食器が並んでいて、その上にご馳走があり余るほどたくさん並んでいるそうな。

やがて、どこから来るともなしに田舎風な者やとても人相の悪い者たちがやって来て、その食べ物を食べるのだそうな。

その食べ方はどんなかといえば、長い長いものすごく長い棒の先に匙《さじ》が縛りつけてあったそうなね。そして、それを使わないと絶対に食べられないそうな。そこでその人たちが一生懸命になって、その長い匙で食べようとするけれども、自分の口にはどうしても入らないそうな。棒が長すぎて周りにこぼれてばかりで、一つも自分の口には入らないそうな。気は焦《あせ》るけれどもともかく周りへこぼれて絶対に食べられないそうな。

小僧さんが熱心にそれを見ていると、和尚さんが言われることには、

「小僧や、これが地獄じゃで。さあ、次は極楽じゃ。まあ一つ、向こうへ行かぁ」

そこで向こうへ行ったところが、今度もまたきれいなテーブルに金銀の食器が並んでいたそうな。そして、今度来た人たちも同じように長い棒に匙がついたもので食べるようになっているそうな。

ところがそこに来た人たちはどうして食べるかといったら、向こうのテーブルにある食べ物を匙ですくって、向こうの人に食べさせるのだそうな。そこで向こうの人は口を開けて食べ、また、向こうの人はこちらの人にこちらのテーブルにある食べ物を匙ですくって、

こちらの人に食べさせるのだそうな。そのようにしているので、お互い思うとおりに何でも食べられるのだそうな。しかし、自分の前の食べ物を自分ですくって自分で食べようとすると、とても難しい。ここではそのようにして向こうの人はこちらの人にこちらの食べ物をすくって食べさせ、こちらの人は向こうの人に向こうの食べ物をすくって食べさせするものだから、ご飯もおかずもうまくきれいに一粒も残さずに食べてしまうことができるのだそうな。

人間というものは、自分のことばかりしているのが一番つまらないことです。人のために尽くせば自分も救われるのですよ。

［昭和五十一年七月十七日収録　聞き手：大上朋美・小新恵子・濱谷深希・池田百合香・真野美恵子］

解説 語り手は御波・前田トメさん（大正三年生）。この「地獄と極楽」であるが、小僧さんの「地獄」と「極楽」についての質問に対して、和尚さんがそれぞれを見せて納得させるという筋書きになっている。これは珍しい話種のようで、関敬吾博士の『日本昔話大成』の中にも登録されていない。ところで、この話は、同じ環境にありながら、片方では地獄となり、他方では極楽になっている。この図式では、どのような意図がその底に流れているのであろうか。それはいうまでもなく、自分のことだけを考えて利己主義的であれば、結果は決して幸せにはならず、常に他の人に思いを巡らす広い心を持って行動していればこそ、自然と豊かで幸せになるということを表現しているのである。

18. ネズミ浄土《じょうど》

（北分）

とんとん昔があったげな。

おじいさんとおばあさんがあってね、大きな大きな握り飯を五つこしらえて、木こりに行ったそうな。ほいで昼になったから、二つずつ食べてね、一人前でそいで腹が張ったから、一《ふと》つを残して、

「おじいさん食べ」

「おばあさん食べ」言っているうちに、コロコロとくどれて（転がって）。そこにね、ネズミの穴があった。そこへ転がり落ちたそうな。

そいで今度、その下にネズミがおってけぇ、大きな握り飯だから、ネズミがみんなで追わえてけぇ、そっから、上へ出て行き、

「おばあさん、おじいさん、とてもご馳走だった。大きな握り飯で腹が張ってとてもよかったから、なんにもないけんど、今までわれわれがあっちからこっちからひいて帰って

来たこの宝物あげっから持って帰んなさい」言って、そのおじいさんおばあさんは喜んで持って帰ってね、そっから隣《となん》のおじいさんおばあさんが、また欲なおじいさんおばあさんで、その話聞いて、

「そんならわれわれも行きて、宝物をもらおう」ちゅうことで、自分らが食べるものは持たずに、こまい（小さい）握り飯を一つ持って行きて、穴を聞いて来たから、その穴に投げこんでやったら、いまだ（今度は）ネズミが出て来て、

「よくもわれわれをだましたな。こないだの宝物をみな返してくれ」て、大勢ネズミが寄ってたかって…、おじいさんもおばあさんも噛み殺したそうな。

そげな話があったげな。

［昭和五十二年五月六日収録　聞き手：上谷千代美・宇野多恵子・上田和代・吉本千恵子・酒井董美］

解説 語り手は北分・石原サイさん（明治二十七年生）。関敬吾博士の『日本昔話大成』では、本格昔話の「隣の爺」の中に「鼠浄土」として登録されている話型である。ただ隠岐地方では余った握り飯を爺と婆で譲り合う部分のあるところが特色であり、本土に残されている同類には、この部分はない。隠岐人の優しさがこのような語りを生み出したのかも知れない。他の隠岐の語りでは握り飯ではなく焼き飯とする場合が多い。また、隣人が失敗するのは昔話の定番であろう。

19. 地蔵浄土《じぞうじょうど》

（御波）


とんと昔があったげな。

昔々、じいさんとばあさんがいい日和《ひより》のおり、木こりに行きたげな。

昼飯のおりに焼き飯をいっと（たくさん）持っとって、二人で食べたげな。そげしちょったら、一つ余って、

「じいさん、おまえ食わっしゃい」

「ばあさん、おまえ食えぇ」ちゅうやあなことで、二人で譲り合っちょったとこめがけぇ、焼き飯がコロコロ手から漏れて下の方へ転んで行きたげな。そっから、ばあさんが、

「やれ、くちょし（口惜しい）や、焼き飯が転んで行きたげな」思って、後からごそごそさげえて（捜して）行きた。

そこにはお地蔵さんがおったげな。

「地蔵さん、地蔵さん。この方へでも焼き飯がまくれてけえさったかの」言ったら、

「来たこと来ただいど、下の方へはねて（放して）やったわい」言ったげな。

またどんどんどんどん、下の方へ行ったら、また地蔵さんがおったげな。

「地蔵さん、地蔵さん。ここの方へでも焼き飯がまくれてけえさったかの」てて言ったちゅうわい。そしたら、

「焼き飯はまくれて来ただいど、下の方へはねて（放して）やったわい。そっだだいど、下の方までさげえて（捜して）行くな。下には恐ろし赤鬼や白鬼がおってけ、恐ろしことだけん、その焼き飯ほしさに、そげなとこ行くだねえわい」てて言ったちゅうに、ばあさんはどげ言ったてこたえんだけん、

「おってもいいわ」言って行きたげな。

ところが、地蔵さんが言ったとおり、赤鬼や白鬼がいっぱいおって、

「やれこら、ばばが一人来たわい。まま炊きばばにちょうどいいわい」ちゅう細工で、そっから、わっわり出るおんに、そのばあさんに言うことにゃ、

「ここにな、米粒三粒と小豆三粒あっけん、ここに金の杓子があっけん、こっで混ぜくら、この大きな羽釜にいっぱいになっけん、炊けよ」言ったちゅうわい。

そっか、ばあさんが、

「ほん（本当）だらか」言って、水いっぺ入れて、その羽釜に三粒の米と小豆入れて、

金の杓子で混ぜくったら、本当に鬼が言った通りに羽釜にいっぺの飯になったちゅわい。

「こら、まあ、不思議な杓子もあったもんだ。いっそこの鬼《おん》のおらん間に、こいつ一つ盗んでいにゃ、こげな重宝なもんはあれしぇんに」思って、「鬼のおらん間を、いつか、いつうか」思ってうかがったちゅうわい。

あるおりに、鬼のおらん間に、け、その杓子をけ、そうっと盗《と》ってもどったちゅうわい。

そっか、わがとけいんで、そげして混ぜくってみたら、たった三粒の米が羽釜にいっぺになったけん、そっが地下中《じげじゅう》のもん皆呼んで、祝いして、そこは大きな長者になった。

そっぱかしの昔だわな。

〔昭和五十二年四月三十日収録　聞き手：宇野多恵子・上田和代・吉本千恵子・酒井董美〕

解説　語り手は御波・前田トメさん（大正三年生）。関敬吾博士の『日本昔話大成』では本格昔話「隣の爺」の中に「地蔵浄土」として登録されているが、それでは隣人が真似て失敗する話になっている。前田さんの話ではその部分が省略されているのである。それが地方色と言えるのであろう。

20．桃太郎《ももたろう》

（東）

とんとん昔があったげな。

おじいさんとおばあさんと仲良く暮らしていたげな。おじいさんが、

「今日は天気がよろしいから山へ柴刈りに行きます」とおばあさんに言うたですに、

「そんなら、わたしも今日は川へ洗濯《しぇんたく》に行きます」ちゅうことをおじいさんに伝えましたら、

「そんなら、わたしゃもう山へ行きますから、おまえは洗濯しなさい」

で、おばあさんが川に洗濯に行きましたら、洗濯しておるところへ大きな桃が流れて来まして、その桃を喜んで持って帰って、

「これは、もう一人で食べられんから、おじいさんが帰ってから食べましょ」と言うておりましたら、おじいさんが間もなく帰って、

「ああ、これはおじいさん、今日はわたしは洗濯をしながらこういうものを拾いました

から、二人で分けて食べましょや」ちゅうて分けましたら、桃ではない、これは子供さんが生まれてきましたので、おばあさんが喜んで、

「こりゃもう自分で食べられんから、神さんにお供えしましょう」ちゅうので、神さんに供えておるところへ、大きな声をしてその子供さんが泣いて、おばあさん、大変喜んで、

「これまぁ、われわればっかりでは…、名前もつけねばならの。出ておる子供を呼んで、子供の名前をつけましょう」ちゅうやなことで、

「名前をつけてください」と子供に言いましたら、その子供が、

「これは名前は何だりいらない。桃から生まれたから桃太郎という名につけましょう」ちゅうやなことで、お名前をつけて楽しんでおったところが、だんだん大きくなって、

「鬼ケ島へ仇《かたき》を討ちに行きましょう」

その子供さんが言うて、大変、おじいさんもおばあさんも喜んで、それなら、また他の人が、

「わたしもお供します」ちゅうやなことで、一緒に行かれた話をわしらのおじいさんがしました。ま、長いことわたしも覚えましぇんからね。そこらでおきましょう。

［昭和四十八年五月二十六日収録　細川さん宅で　聞き手：酒井董美］

解説 語り手は東・細川カツさん（明治十七年生）。おなじみの「桃太郎」の話である。細川さんの語りでは、きび団子は出て来ないし、鬼ヶ島に出かける途中、犬、猿、キジなどのお供も登場せず、他の人が供になって行く、という形で続いている。また、その結果がどうなったかまでは語られていない。ただ、細川さんのおかげで海士町でもこの話が残されていたことが分かるという点で貴重だということができる。

この話を収録したのは筆者が海士中学校勤務時代であり、これは郷土部発行の『島前の伝承』第三号（昭和五十一年七月発行）に掲載している。

さて、郷土部ではこの「桃太郎」の話を別に二話うかがっている。菱浦の渡部松市さん（明治二十八年生）と山﨑ツギさん（明治三十二年生）の話である。そしてお二人の話からはきび団子があり、家来になるのに山﨑さんでは犬、猿、キジが登場し、渡部さんではキジと犬が出ている。

隠岐島前高校郷土部の生徒諸君のがんばりはすばらしかった。島前地区はもちろん島後地区もひととおりは収録活動を展開した。おかげで隠岐全体の民話などの伝承実態がはじめて明らかになり、日本口承文芸学会でも知られるようになった。そのような成果も知っておいていただきたいと、かつての顧問は願うのである。

20．桃太郎

21. 熊《くま》に助《たす》けられた木《き》樵《こ》り

（菱浦）

昔、人が木樵りに行きておったに、がぁいな大雪になって道が分からんやぁなって、そんときに熊が出てきて、その熊がなぁ蟻《あり》をこげして（こういうふうに）拾ってよう手にすり込みすり込みして、そっからまた蟻をけ、何すっかと思や、こがこがこがけ、何ててそがしておる熊がおっただわ。

大雪に困っとったに、熊が踏んで道つけて、わが穴ん中《なけ》連れて行きたちゅう。そぉから、行きたら、わが側に寄せて熊は力があっけん、殺すだども、熊ちゅうもんは、

「そがんことすっもんだねえ」とか何とか言って話す。

いい加減なっと手をこう握る。口のとけへ。なめてごせちゅうことだらわの、その手を。蟻をすり込んだやつ、そがして一週間も熊の穴倉におったに、ま、雪がちぃと溶けて、ほっから、

「いなあ」と思って出かけたら、われ後からついて来て、そっから木樵りの男を送った

という話で、そらま、簡単なそうほどの話だ。

［昭和五十年十一月二十八日収録　聞き手：福原隆正・池田百合香・小新恵子］

解説 語り手は菱浦・渡部松市さん（明治二十八年生）。関敬吾博士の『日本昔話大成』には出ていない話型である。まさに熊に助けられた木樵りの話である。鶴の恩返しとか蛙の恩返しのように、人が動物を助けて恩返しをされる話はよくあるが、この話はまったく逆で熊に人が助けられるのである。全国的に見て珍しいスタイルを持つこのような話が、どうしてここ離島である海士町に残されていたのだろうか。その理由はよくは分からないが、海士人のやさしさがこのような話を生み出したと考えたらいかがだろうか。

22. 親《おや》棄《す》て山《やま》

（北分）

池田ガンいうとこがあって、そこへ親を六十になったら捨てよったの。そいで、もうそこの家のおばあさんが六十になって、そいで長男が捨てに行きた。

そいたところがね、行く途中で、もういよいよ捨てにゃいけんいうで、おばあさんを負って山へ行きただわね。そしたら、行く途中で、その後ろに負われちょってね、ずっと木の枝を折って、道々ずっと置いておっただって。

そしたらいよいよ穴の所へ行きて、

「ま、おばあさん、ほなこいで、あんた、ここにおりなさい。われは帰るけん」言ったらな、

「帰るには道が分からにゃいけんから、木の枝をずっと折ってあるから、そこをたどって行きなさい」って、そのお母さんが言われたって。

そしたらね、その子が、

「まあ、こげまで言ってくれるお母さんを捨てるのだろうか」思って、

「おれはどうしても捨てる気にはならんから、また負って帰ろう」てて言って、無理矢理に負って帰っただって。そして家の一つの部屋に隠してね、そいで朝晩ご飯をあげておったって。

そうしたら、あるときに王様のお触れが出て、

「焼いた縄を持って来い」いうお触れが出て、そしたら、おばあさんに聞いたんだって。

「どうしたらいいいだろうか」言って聞いたら、そのおばあさんが、

「それは本当の縄に火をつけて焼いて、そのまま持って行ったら焼き縄だ」

そうして持って行ったら、その王様が褒《ほ》められて、

「あんたに何を褒美にあぎょうな。あんたのやぁな知恵者はない」言って褒められたら、
その長男が言うにはね、

「われは、その断りに、もう許してもらいたいことがある」

「何なりと言え」って言ったら、

「われはこうこうで、親をこうこうにかくまっているんだ。それを許してください」

言ったらね、

「あ、それは、おまえはそげなありがたい親か。そいならもう親は捨てることはならん」

ちゅうことになって、今ではありがたい世になって、六十になっても捨てられんようになった。


［昭和五十一年八月二十二日収録　聞き手：大野幸夫・錦織久美子・大上朋美］

解説 語り手は北分・扇谷ミユキさん（生年不詳）である。関敬吾博士の『日本昔話大成』では、笑話、「和尚と小僧」の中にある「親棄山」に当てはまる話である。

23. 丹波与作《たんばよさく》

（多井）


とんとん昔があったげな。

丹波ちゅうとこに与作ちゅう人があったげな。

その人が、三十になったに嫁さんがなあて、

「われは、ま、三十になったに家内がねえだが、ふとつ診《み》てもらわかい」思って易者《えきしゃ》に診てもらったら、

「おまえは多井のちょいちょい行かっしゃる宿に、四つになる女の子があんに、しっかり縁が結んである」てて、その易者が言った。

「ま、われは三十になったに、四つになる子どもがわれの家内になっていわ、そらま、とてもつまらのことだけん、けぇ、そいつをひとつ、殺えてやらあかい」と思う気になって、そっから、いつもの宿で、行くとその子が焦がれて（慕って）抱かれたり、ようすっだけん、けぇ、ようさとけえ、寝ちょるおんに、けぇ、背中を刺したふうで、そげして、

「わすと、死んだわい」と思って、そこ抜けて出て、東へ東へと行きたげな。行きたら、朝日さんの出さっしゃる。

「ここが日が射すやあになると、朝日さんが出て、ちぃと昼になっと焼けて草木もなんも茹《う》でて、おられっところだねぇけん、早わが国の方へ帰れ」てて、言う人があって、そっから、

「おまえに薬をごすけに（あげるから）、この薬は三日前に死んだ者にこの薬を飲ますら助かっけんね、三日よりうちのもんなら、死んでも助かっけん」てて言う。その薬をもらって、そっか、その丹波へ帰ったで。

帰ったら、今なら天皇陛下なんぞでござんしただらぁわな、

「急に禁廷《きんてい》さん（皇帝の意）が、死なしてから二日になったが、こぉが助かんもんならん、どけぞして助けてもらいて」てて言って、そっか、

「どげなか、ま、その薬を飲ましてみっがいいけん」てて言って、その薬を飲ましたらけぇ、助からしたてて。

「こらまあ、死んだもんが助かっただが、ま、どういうお礼をしたらいいだらあ」てて言って。

「おまえに何でもけぇ、思わしを言え」てて言わして、そっか、

「われは三十になんに家内がねえだが、家内を世話してもらいたい」言わしたら、「あ、そらまあ、やすいことだけん」てて、その禁廷さんには、昔、十二人の后ててって、女が十二人もあったふうで、「その十二人のうちを一人、おまえにごすけん、どってもわれ好きなやぁに盃差せ」てて言わして、そっでいい衣装さして並べてなんしたら、け、われ思うやあが、一人あって、そんなに盃して、そっでそりょうをもらって、仲良に暮れて（暮らして）ござったさあなに、そっか夕べは一緒に寝て、そっか、背なこげしてさすったら、大けな傷の跡があっだけん、

「こらま、どげしたことだ」てて言ったら、

「われは四つのときに丹波与作さんという人が、こげしてわれと縁が結んであってて言って、そえしてけ、切って逃げさしたちゅうことだ」てて、その女が言わした。丹波与作は、

「われだ」てて言っての、そっで、一緒になって睦まじく暮らしたてていっての。そっで、そっから丹波与作が嬉しさに歌詠みましたって。

「丹波与作は馬方なれど、今はお江戸で刀さしきて、その十二人の后をもらって、そっか、刀を下げてもらって刀さすに、そっが、その馬方だったさあな。そっで、切っても切

れぬは縁の道」

そっから言ったことだてて。

〔昭和五十一年六月十九日収録　聞き手：大上朋美・濱谷深希・酒井董美〕

解説　語り手は多井・木野谷タマさん（明治十九年生）。関敬吾博士の『日本昔話大成』の中には該当する話型はないが、本格昔話の中の「運命と致福」あたりにでも分類すればよいものであろうか。

24. 高田《たかだ》幸次郎《こうじろう》の夢《ゆめ》

（多井）


とんとん昔があったげな。

その昔、ある人が高田に鬼の穴があるちゅうことを聞いちょったが、「その鬼の穴を見たいもんだなぁ」と思って、弁当の一升も二升も炊《た》いて、鬼の穴に行きたげな。

行きたら、ある人が、

「ここは鬼が戻ってくら恐ろしいけん、いなしゃるがいいけん」てて言って、

「そっか、いなあかいな」思って帰って来た。

さて、したらけぇ、われはちょっとおった、と思ったに、一年も二年もなって、

「やれな、そえなら、おっただな」

そえなら、墓へめえったらぁ、

「これまあ、墓に苔《こけ》がいっちょわて」思って、泣きながらその墓を撫《な》でたり、そっかそ

の苔をこぇしてむしっちょったりしたら、その夜、女になる人が、高田幸次郎さんてていうだらあわの、

「幸次郎さん、何しますかの。痛いわい、痛いわい」

そう言ったら、ようさと、そえして墓かと思ったら、嬶《かか》だったって。そっか、苔だと思ったらけぇ、頭の毛を、こげしてけぇ、泣きながら撫でて、

「何しますかの。痛いわい、痛いわい」言って、そげしたらけぇ、ようさと夢見て、けぇ、墓かと思ったら嬶だった。苔かと思ったら、頭の毛だった。

その昔。

〔昭和五十一年六月十九日収録　聞き手：大上朋美・濱谷深希・酒井董美〕

解説　語り手は多井・木野谷タマさん（明治十九年生）。関敬吾博士の『日本昔話大成』の中には見当たらないが、本格昔話の「異境」にでも分類し、夢物語とでもすればよいように思われる。

25. 蛸屋治兵衛《たこやじへえ》

（保々見）

昔、浜松の漁村では、子どもの最高の親孝行と言えば、伊勢さん参りを親にさせることであった。その当時のこの部落では、人間一代で参宮《さんご》をするとか、二代に一ぺん参宮するということは山々のことで、なかなか参宮ということはできなかった。

ところで、蛸屋治兵衛《たこやじへえ》の息子は非常に貧乏人であったけれども、なんとかして親孝行して参宮さしてあげなならないと、平生《へいぜい》、考えていた。

ところがある年、非常な大漁で、相当な漁獲をあげたものだから、「今年こそ、お父さんにお伊勢さん参りをさせないけん」ということで、お伊勢さん参りをさしたわけだ。

この蛸屋治兵衛は、不幸にして家内に早く別れて、子どもを育てるのに非常に苦労する。そういう関係で子どもはお父さんのことに非常に関心を持って、そして参宮に出したわけだ。

ところが、参宮に出ている途中で大阪の鴻《こう》ノ池《いけ》の旦那に会うて、そして道話で、蛸足治兵衛が、自分の子どもが親に勤めてくれる自慢話に話を咲かして参宮したわけだ。

ところが、その話について、鴻ノ池の旦那が非常にその息子の心がけに惚《ほ》れたわけだ。そして、お伊勢さんのお参りに行きて、今度、ずっと八幡さまをお参りに行きて、それから、四国の金毘羅《こんぴら》さまに参詣するというときに、

「そいじゃあ、大阪の自分の家《うち》でひとつ足休みをして行ったらいいで」

と言うことで、道連れのことだったから、心安く辞退することもできず、鴻ノ池でしばらく滞在して、そして自分の疲れを取って、金毘羅参りをしたわけだ。

帰りにも、また鴻ノ池に寄ってお休みしたわけだ。ところが、その道中のお参りする先ごとに、何と言っても片側は鴻ノ池の旦那だから、お伊勢さんでも百両、八幡さまでも百両、行きた先々で相当なお塞銭《さいせん》をあげたものだ。自分も鴻ノ池の友だちになったわけだから、そういうことも、やっぱりつきあいでやってしまったわけだ。そって、金毘羅さんから大阪に帰ったときは、もうすでに貧乏人のことだから旅費なんかがもうほとんどなくなってしまって、危機一髪だったわけだ。そして、

「明日帰ろうか」言った際に、鴻ノ池の旦那と奥さんが、息子の心がけに惚れてしまった。

「実はお願いがあるが、かなえてくれんか」と、
そいしたところが、治兵衛は、

「いや、わたしでできることなら、何でもかなえてあげます」

言うことから、鴻ノ池の旦那さんが、

「実は、ここにこうこうした娘がおっと（いると）、それをあんたんとこの息子さんの心がけに惚れこんだから、嫁にもらってくれんか」と、
こういう話になって、治兵衛もびっくりしておったようなわけだけれども、道連れになっほどだから辞退するわけにはいかんから、

「それでは承知しましょう」

言って、そこでまた、いよいよ結婚する約束をしたわけだ。そって、そこでまた足止めして、そって、いよいよ何月何日には、結婚式をするという約束で、鴻ノ池から、そういうことだからいうことでご祝儀をいただいたわけだ。そって、帰る旅費ができて、喜んで治兵衛は帰ったわけだ。

治兵衛は、

「うまいことした、いい具合にして帰ってきた」という頭（考え）を持っとったわけだけん、片つらが結婚の準備に一所懸命でいるところが、蛸足治兵衛の家はそげなこと考え

ておらんから、なんぼしたって迎えに行かんわけだ。そのうち、鴻ノ池から大勢の供を連れて、浜松の蛸屋治兵衛の家を訪ねて行きたわけだ。ところが、部落の人はまあ、びっくりした。なんときれいな娘さんが、治兵衛の家を捜して大勢の人を連れて来た。

「いったい何ごとだらあか。何かのまちがいだなからあか」いうようなことで、

「まあ、あんな所へ行きたら大変だから、言わずに知らん知らん言っとけ」

というようなことだったから、娘さんも迷ってしまったわけだ。ここまでどんどん来たからには帰るお金もなし、進退極まってきたわけだ。ところが、一人のおばあさんが、

「治兵衛の家《うち》なら、ここでございます」言って案内して、そこへ入ったところが、御飯の最中だった。

ところが、その息子さんもびっくりしてしまった。

おやじさんは、

「こらま、えらいことしてしまった」いう具合に、お膳《ぜん》を抱えてひっくり返ってしまった。そこで、

「こうこういうわけで来た」

「そういうことか」

という問答が終わってから、どうしても断わったわけだけども、片つもり（片一方）は、

「帰るわけにはいかんから、どうしてもここで嫁さんにならないけん」

という主張して、とうとう断わることができんので、嫁にしたわけだ。

そうしたところが、何といっても嬶《かか》さんは鴻ノ池の長者の嬢さんだから、家からどこから、みんな改造して、すばらしいもんができたわけだ。

部落の者は、

「こら、いったい何ごとだらか」言って恐れちょる（こわがっている）わけだ。

そうしたところが、息子が言うことには、

「こういうことだったら、蛸取りの漁師だったらいけんから、何とか職業を変えないけん」というので考えていたけれども、嫁さんが言うことには、

「自分はそういうことではいかんと思う。先祖伝来の職業は、それを伸ばすぶんでも、減らすようなことや、やめるようなことは絶対してはいけん」

という激励によって、

「また、やる」というやなことで、
なんというても片つらは鴻ノ池だから、古い漁法に対する資本もどんどん出す。

「今まである漁業法ではつまらんから」というので、現在ある蛸壺の漁業法を始めたわ

けだ。

そうしたところが、昔のことだから、漁業法が変わったらどんどん繁盛して行く。そいで、今の蛸壺というのは、当時、始まったものが改革されて、完全な蛸壺漁法になったという話でした。

要するに親に孝行すれば、自然にこういう幸福になるから、子どもは親孝行しなきゃあならんという話でございました。

［昭和五十年五月十日収録　聞き手：野上正紘・酒井董美］

解説　語り手は保々見・川西茂彦さん（明治二十七年生）。関敬吾博士の『日本昔話大成』では、本格昔話として次のように分類されている。

二四　蛸長者（AT三三二六）

1、貧乏な漁夫が金持ちをよそおって長者の娘を息子の嫁に約束する。2、家が小さいために（a）人の住まない家を借り、または（b）殿様に古い家を借りて嫁を迎える。3、三つの化け物が出る。親と息子は恐れて逃げる。4、嫁が恐れなかったために、それぞれ宝の化け物であるのを知り、それを掘り出して金持ちになる。

後半の展開の仕方はこの戸籍とはやや異なっているが、その違いこそ地方色だと考えればなかなか味のある海士町の話ではある。

26. 金之助《きんのすけ》の夢《ゆめ》

（北分）

昔。いまの長野県にね、ほんの田舎に家が三十軒ほどあるに、そこに金之助という若い者がおった。だいたい金之助は両親に別れて、叔父の家で育てられて、この人は鉄砲を撃つことがうまくて、だいたい信濃の方では雉子《きじ》とか山鳥とか狸とか狐とか冬になると撃って、そっで（それで）夏は米を作って生活を立てておった。

で、二十歳も二十なんぼになったときに、

「おまえ、家へいんで生活やれ」というんで、そこの家で、また妹と二人で生活しちょったふうだ。

それで鉄砲撃つことがうまいから、鉄砲を撃ちに行こうと思ったところ、雪が降っちょるので、妹から

「まあ、今日は兄さんやめなさい」と注意を受けたですわ。だけど、

「ちょっと行ってくる」言って、行って大きな狐だ雉子だわ、たくさん持ってもどって

来て、妹はごはん炊いちょっです。

ところが、その部落、毎年同じときに遍路さんが来て、三か月ぐらいも四か月ぐらいもそこでいて、それはもう日本国中回るからいろいろな話を田舎の人にして聞かせるに、みんな若い者から年寄りから、遍路さんの宿でその話を聞いた。そいで遍路さんが言うことには、

「これから常陸の国の方へ鳴子山《なるこ》ちゅう山があって、下を通って行くと洞穴《ほらあな》があるから、洞穴をずっと行くと、金銀財宝がいたる所に満々とあるから」

という話をして、そこの若い者が、

「そんな、わあら（我等）も行こう」と一決して、そして、だいたい彼岸の次に行こうという約束をしたところが、それまでにもみんなが、

「われもやめた」

「われもやめた」言うて。金之助は、「どうでもわれ一人で行く」と言う。

みんなが、

「やめえ」「やめえ」と止めるけれども、とうとう一週間もかかって鳴子山へ来たわけだ。ほえから、雪がもう、杉の山の下から積もってものすごい…。鳴子山のその下にちょうどお茶屋があって、おばあさんが一人、うどんだ、酒だちゅうもんを売っちょった。ほか

（それから）そこ行きて、うどん食って、それから、

「旅館がないか」言ったら、

「こいから二里も行かな旅館はない。若い衆さん、なんならここへ泊めてあげよう」とおばあさんが言うに、

「あっ、そうかい」そりゃ喜んで、金之助は泊めてもらうことにしたわけだ。

そいで、おばあさんは聞いたわけだ。

「なして来たかね」

「こうこうなわけで、洞窟《どうくつ》があっか」言うと、

「洞窟がある」ちゅうて、そして

「もしも通ったら、金銀財宝が余っちょる言うで、わしは来た」

「そげな話は聞いちょうけど、そこへ行きたら、だえだい（だれも）帰った者はないからやめなさい」と、どうでもいけんちゅうんで、そいから、おばあさん所に泊まって道を教えてもらって、ほいから、鳴子山の所へ行きたら、大きな洞窟がありますだからね、そいから金之助は、たくさんロウソクだ、餅だことのいったものを蓄《たくわ》えて、そいで、穴へ、もう暗いからね、そいでもう行く道々、そいで何日かかったか分からせん。

大儀《たいぎ》なけりや、もうそこへ寝て、ある時にそこへ寝て、ふっと目が覚めたところが、な

んだか向こうに、こう青い火がともっちょうだ。不思議だと思って、そいから、鉄砲を持っちょるから、鉄砲に弾をつめて、

「よおい、よおい」言うけども返事がない。

「まっ、不思議だなあ」と思って、そこへ行きてみただ。見たところが、だいたいコウモリがいっぱいつんつんしちょるから、何《なん》かと思って、返事がせんから、鉄砲を一発撃ったんだ。ところが、それでも返事がないから、そいからとうとうそこへ自分が行きたところが、人間の死体から火が出て、

「はてな、不思議だなあ、人間の死体から火が出て、そんで（それで）コウモリが鉄砲で撃たれて死んじょる」

そういうことで引き返そうと思うけども、ここまで来たから、また行きたげな。なんぼ行きてもその先わからん。また、だいぶ先行きてたばこ（休憩）しちょって、また火がある。またそこに死体がある。もういよいよ諦めて帰ろうと思ったけど、今まで使ったロウソクを数えるとどうしても帰るロウソクがない。そいでしゃあないから、どんどん先歩いて行きたところが、今度は違った灯が見えるから、「何か」と思ったら、やっぱり洞穴が向こうへ通っておった。

非常に喜んで、ちょうどいい天気で茅《かや》ごがいっぱい生えとって、そいで茅ごを分けてし

まいよって、いよいよ部落があると思って見るけれどもないから、でも、ずっと後さがったところが、家が見えるから、こらまあうれしと思って家にたどり着いた。入ったところがだれもおらん。ほか、また一軒行きたところが、もう草がぼうぼう生えちょるから休まれない。だれもおらんから、今度、戸を開けてみたところが、もう、煤《すす》と蜘蛛《くも》の巣といっぱいになっちょうけん、そこで金之助はいよいよ落胆して、たばこ（休憩）して眺めたら、どうも向こうの木陰にきれいな家が一軒見えたから、

「こりゃまあ、あそこにりっぱなお寺か神社みたいなもんがある」

そいから、川を向こうに渡って行きたところが、なるほどりっぱな家がある。障子が開いちょるから、こら必ず人がおる。煙がちょっと見える。

「ごめんください」言って、だえ（だれ）も返事せざったけど、戸を開けて入ったところが、奥からきれいな二十歳前のお姫さまが出てきて、驚いて。

ちょうど髪を手入れしちょったら、髪を下げちょった。「まあ、きれいな人だ」と思って、ほか（それから）、

「旅から来たもんだけん」言って、

「さっまあ、お上がりください」

とても愛敬がいいから、ほっから、風呂に入って、そして姐《ねえ》さんがきれいなところへ案

内してくれたわけだ。そいで、

「腹もすいたでしょうから、まあ、なんか御飯の支度するから」

ところが、そこに火鉢があるに、そいがもう金や銀のひゃくどう（百銅？）の合わせたものだって。

床の間を見れば、牛だ、獅子だ、まっいろいろなとこがみんな金銀だ。そしたらお姫さまがごちそう持って上がって来て、そいで、いろいろ話したところが、姫さまが言うには、

「ここらへんには、元は家が四、五十戸あったけど、荒神さんが毎年人質を取るので、毎年、人質の人をあげて、もういよいよわしが一人残って、今夜の十二時にまた、荒神さんの人質になる」と、そういう具合に……。

「神さんは人を助けるもんだに、よし、わしが今夜は荒神さんを見届けて、撃って殺してしまう」

「いや、とっても強い人でいけませんから、あんたは帰ってください。ここにある財宝はみんなあんたにあげるから、これ持って帰れ」

「いや、そういうわけにはいかん」言うで、とうとう時間が過ぎて晩の十二時に荒神さん、来るちゅうわけだ。

金之助は弾いっぱい詰めて、待ちょっても待ちょっても荒神さん、現れない。

ところが、雨がパタパタ降る。風が吹く。

ふっと空を見たら、ものすごい形相をした恐ろしい鬼といっていいか何いっていいか、そげな大きな人が大きな目して金之助を見とる。金之助は弾を装填《そうてん》して撃った。腕に自慢のある鉄砲師だからまちがえないと思ったら、ふっとしたら、右手の甲つかまえられたやあな。また一発撃ったら左手をつかんだ。二十四発の弾をみんな使いはてた。もう一発残っちょる。そいか、金之助は信じとった妙見さんに、

「助けてください」と言って最後の一発を撃ったら、ゴロー、ゴロゴロと、その屋根の上からまくれたので、もうだいたい退治してやったと思っていたところ、目が覚めた。瓦のゴロゴロまくれる音だった。

これが今でいうと長夜の夢だったというお伽話。妻木《つまき》屋の文太が言った話。

［昭和五十二年四月二十三日収録　聞き手：上谷千代美・宇野多恵子・上田和代・吉本千恵子・酒井董美］

解説　語り手は北分・上田慶市さん（明治二十七年生）。関敬吾博士の『日本昔話大成』の中には見られない話型であるが、本格昔話の「愚かな動物」の中に位置づけられるような内容である。そしてなかなか面白く、隠岐島前高校郷土部が収録した昔話としては、かなり長いものである。

笑い話いろいろ

27. 小僧《こぞう》の一斗《いっと》飯《めし》

（御波）

昔あるところに和尚さんと小僧さんがあったに、その小僧さんがなんてて、手にゃわんててなんてて、いっつもかっつも和尚さんがけ、やっこめられてばっかりおりましただ。

そげしてあるとき、

「小僧よ、小僧よ。私《だ》がなぁ、指を一本出ぇたときには、まま（ご飯）一升炊け。二本出ぇたときには二升炊け。三本のときには三升だど」てて、言っちょうましただ。そって、

「よし、よし、今に和尚さんを、私《だ》がの、目に遭《あ》ぇえてやっけん」てて、心の中では思っちゃおれど、

「はい、はい」てて、顔は神妙な顔しちょんました。

それから、和尚さんが出た間に、しんち（便所）の踏み板を鋸《のこぎり》でギッギギッギ切ってええて、和尚さんが今に入ってぼろけっかな（落ちるかな）、ちゅうやぁにして知らん顔しちょんました。

け、和尚さん、しんち入ってけ、ズボッとぼろけて、

「小僧よ、助けてごせな」ってて言って、け、両方の手を出えただけん、

「よし来た」ちゅうでけ、小僧はまま（飯）一斗け、ドッドッドッド炊きましただがや。そげして和尚がやってきて、

「主《のし》ゃ、私《だ》がしんちへぼろけちょんに、どげで助けてごさんだ」

「へえ、和尚さん、おまや、せ、両方の手出《で》ぇただねえか。だけん、私《だ》ぁ、まま一升炊ぇただわな」

「こげなまた、けしからな、ま、しゃねぇだけん、そろ、ほんなら干し飯にしとけ」

「ハイハイ」

け、小僧はけ、なんのこたねぇ、欲し飯だ言うだけん、欲しいときにけ、すっぱい（全部）食ってしまって、ないようにしてしまったそうな。

け、今度、和尚があるとき、

「小僧よ、あの干し飯にしたやつをな、あれをえんからにすっだけん、出ぇてこいな」

「へえー、和尚さん、おまえ欲し飯だ言うけん、すっぱい食ってしまった」

「やれな、主《のし》がやぁな」言っただいどせ、そりゃま、どげだい、しゃのねえことでござんすだけん、そってけ、一本取られたちゅう話でござんすわな。


［昭和五十一年五月二十九日収録　聞き手：池田百合香・濱谷深希・酒井菫美］

解説　語り手は御波・濱谷包房さん（昭和三年生）。豊かな海士方言を駆使しての濱谷さんの語りである。郷土部員の他に、このときの聞き手としては、東京に事務局を持つ民話と文学の会から、萩坂昇、大島廣両氏も参加していた。懐かしい思い出である。この会は三十五年もの間活動していたが、最近解散した。
さて、民話と文学の会では知夫村を除く島前地区で、この年の七月二十八日から四泊五日の日程で全国からの会員五十七名が参加して民話調査を行ったが、萩坂、大島両氏はその準備に来島されたおり、濱谷さんからこの話を語っていただいた。当時四名（池田百合香、大上朋美、小新恵子、濱谷深希）いた隠岐島前高校郷土部員はこの島前調査

のおりに、全国からの参加者に対して主に案内の役を引き受けていた。その懸命な案内ぶりは、多くの調査員の感動を呼んでいた。

さて、関敬吾博士の分類では昔話は動物昔話、本格昔話、笑話の三種としており、この話は笑話になる。そしてさらに「和尚と小僧」譚の中の「指合図」として知られているものである。なお、和尚と小僧の他の話では「鮎は剃刀」「飴は毒」「餅は本尊様」などがあり、読者もなじみであろう。

28、雪《ゆき》とぼた餅《もち》

（知々井）

とんとん昔があったげな。

山の中に和尚さんと小僧さんがおって、なかなかこの小僧さんは頭のええ小僧さんで。

あるときに山から下って部落の家に法事があって、そこへ和尚さんが行って勤めておる間に、小僧さんが、

「何かええご馳走《つつおう》がないもんだらか」言って、和尚さんの留守の間に考え出したのが、ぼた餅をこしらえようということだった。

そのぼた餅も小僧さんが一生懸命《けんめ》で、

「和尚さんがもどうまでに、け、こしらえて食ってしまおう」思って食ってしまっておったに、ちいと余ってしまった。

それがある寒い寒い冬の年だっただ。それでどこぞ隠さか思っておったら、幸いに雪が降っとったもんだけに、小僧がそのぼた餅の余ったやつを雪の下へほろんで（埋めて）和

尚さんがもどうを待ちよった。ほいで、独り言のよやぁに、

雪降るに木茅《きがや》の枝も見えもせず　下のぼた餅ゃどげしただやら

言った。ところが、そこへ運悪さに、けぇ、和尚さんが戻ってきて、そのことをちょっと聞いて、

「こらこら、小僧、今おまえは何を言った」

「いや、和尚さん、わしゃ何だい言っちょうせん」

「や、今言ったことを言ってみい」

け、二回、三回請求されたもんだけん、小僧もしゃあない。

「はてな、ぼた餅のことを言やぁ、和尚さんに、け、目に遭《あ》わされっだらぁ」思って、そこで智恵のある小僧さんが、いろいろわずかな間に考えたことは、

「そんなら和尚さん、今言ったことを言ってみやぁな」言って、こんだ、小僧さんがうまいこと誤魔化いてしまって、

雪降るに木茅の枝も見えもせず　里の親し（衆）は　どげしただやら

いうことを和尚さんに詠ったそうな。
「こらこら、小僧、うまいことやった」
鞭《むち》で叩かれるか、思ったら、け、歌を替えて詠ったもんだけん、和尚に褒められて、えっと、け、褒美もらったげな。

〔昭和四十八年九月二十八日収録　川島さん宅で　聞き手：酒井董美〕

解説　語り手は知々井・川島芳博さん（大正三年生）。この話は笑話に属するもので、関敬吾博士の『日本昔話大成』でその戸籍を見ると「1、愚人譚」の中の「B　愚か聟（息子）」に次のように分類されている。

　三六　標の石（cf　AT一二七八）

聟（小僧）が食べ物（蕎麦《そば》・餅《もち》）を土の中に隠して、しるしに石を置く。翌朝、雪が積もっている。「雪ふりてしるしの石」がと歌を詠んで舅（和尚）にきかれる。嫁（小僧）が詠みかえてほめられる。

このようになっており、川島さんのこの話も、れっきとしたわが国の昔話の一つであることが分かる。

29. 平《ひら》林《ばやし》

（北分）

昔、侍屋敷に大将と小使がおったそうです。

あるとき、その大将が手紙を書いて、宛書きに「平林」として、小使に、「これを持って、平林《ひらばやし》へ行ってこい」と使いに出されました。小使はまだ字を知りませんでした。

ところが、小使は途中で「平林」という字の読み方を忘れてしまったので、出会った人に見せますと、

「これはヘイリンと書いてある」

「さあ、大将が言われたのは、ヘイリンだなかったようだがなあ」と思いながら歩いて行き、また先で人に聞いたところが、

「これはイチハチジュウノボクボク（一八十の木木）って書いてある」

それから、それも違うような気がして、また先で聞いたら、

29. 平　林

「これはなあ、イハイとイハイとイと書いてある」

やはり、大将が言われたのと違うような気がして、そのまま持って帰ったら、大将は、

「おまえは字を知らんから、つまらないなあ。これはヒラバヤシだ」と言われました。

小使は、

「あっ、そうですか」と答えました。大将も、

「学問を教えなければならん」と思われ、小使もまた学問をしたということがありました。

〔昭和五十二年五月六日収録　聞き手：上谷千代美・宇野多恵子・吉本千恵子・酒井董美〕

解説　語り手は北分・石原サイさん（明治二十七年生）。笑話に属するものである。まず関敬吾博士の『日本昔話大成』でその戸籍を見てみよう。すると「1、愚人譚」の中の「D　愚かな男）」に次のように分類されている。

四二三　平　林

愚か者が「平林」という家に使いする。読み方がわからず、「へいりんか、一八十の木木か」といってたずねる。

同じ漢字でも、角度を変えて読めばいろいろな読み方が出来る。そのようなおもしろさを狙った昔話である。海士町の話では、読み方を知らなかった小使いも、大将の情けで学問をしたと語られているが、他の地方では、単にいろいろな読み方があるという点だけが強調されているようである。

30. 日《ひ》と月《つき》と雷《かみなり》の旅立《たびだ》ち

（御波）

とんと昔があったげな。

昔、ある宿屋にお客さんが三人おったげな。そのお客さんはどげなお客さんかというと、お日さんとお月さんと雷さんが泊まったげな。

そしたとこめが、お月さんが晩になって、

「早《は》や出らないけん、いけん。早や、夕飯小早く食わせよ」てて言って、そっか姐《あね》さんたちに夕飯食わしてもらったげな。そのおりにお月が、チップを三十円もやったげな。

「まあ、ありがとうござんす、また、ございや」言って、そいから下女らちゃみな見送って出たげにござんす。

そしたところが、お日さんが暗い夜から、とうから起きて、……暗いうちから眠たあて困んに

「こら姐らち、起きて朝飯食わせてごせな、ごせな、遅うなっわい」

そう言ったら、下女らちが目をこすりこすり起きて、そっから朝飯食わしたげな。

「お月さんが三十円もげえた（くれた）だけに、このお日さんは暗い夜から起こすだけん、どのようにいっと（たくさん）チップをごすだらあか」言って楽しみにして、目をこすりこすり起きて朝飯食わしたげな。

そしたら、お日さんは、けえ、たった一円だけ、げえたげな。

「こな、お日さん、まあ、どげいうことかね。夕べお月さんは三十円もげえたに、おまえは暗い夜からわたしらちを起けて、朝飯食わせ、食わせ、言って、たった一円やかたや、どげいうことかね」てて言ったげな。

そげしたところが、お日さんが言うことには、

「月が三十円なら、日が一円に決まっちょっだわい」

そげなら、女もどげだい言いようがないけん、そってしかたがねえだけん、「またございや」とだい言わずに、ただ見送ったげな。

そげしたとこめが、晩になって掃除せにゃならんに、雷さんのやつが、ゴロゴロ、ゴロゴロ言って、大きないびきかいて寝ておるげな。

「邪魔になってこたえたのう（困ったなあ）。こな、雷さんはどげいうことかの、だいぶ日が暮れたっじゃ、はや起きさっしゃい」言ったら、

「月や日は、どげした」

「まあ、とう発《た》ったわね」言ったら、

「まあ、なんと、月日のたつのは早いもんだなあ、そんな、わしも夕だちにすっだわい」

言ってね、そいから雷さんは、ゴロゴロ、ゴロゴロ言わして駆け出したちゅうわの。

そっか、雷さんが逃げた（去った）だけに、そっから下女が掃除しようかと思って床の前見たところが、雷さんが忘れ物しちょったげな。何忘れちょったかちゅうと、重箱二つ重ねて風呂数に包んであったげなふうだ。そっか今度、

「なんと雷さんは、まあ、忘れ物したわい。ほっでも（それでも）また来うけに。だいど（だけど）雷さん、何持っちょっだら」言って、そっから、下女がそっと風呂敷、けえ、開けて見たげなふうだ。そしたとこめが、なんと重箱に、けえ、子供のへそがいっぱいつまっちょったげな。

「雷さんがへそ盗ってや（盗るということは）このことだわい」

今度、下女が、

「それはいいだいど、下のこの重箱、何だらあか」言って、開けて見かけとったら、雷さんがゴロゴロやって来て、

「下女らち、床の前に重箱忘れたわい。はや取ってごせな、はや取ってごせな」言った

ちゅうわの。そっから下女らちが、

「あの、雷さん。上の重箱はへそに決まっちょうだいど、その下の重箱は何かの。ちょっと見せさっしゃいな」言ったてて。

そしたら雷さんは、

「こな馬鹿《ばか》よ、へそから下、人《ふと》に見せっちゅうもんがあっだか」という話。

［昭和五十二年四月三十日収録　聞き手：宇野多恵子・上田和代・吉本千恵子・酒井董美］

解説　語り手は御波・前田トメさん（大正三年生）。笑話に属していることは、筋書きから明らかであるが、関敬吾博士の『日本昔話大成』には出ていない話型である。しかし、実際は全国的な規模で語られている模様で、東京の研究者もよく知っていた話である。

31. 惚《ほ》れちゃつまらぬタコ食《く》う人に

（北分）


昔な、仲のいい夫婦がおったにな、そいで今度、

「おまや、もうこれから帰って昼飯《ちゅうはん》のおかずこしらえな」言ってな、奥さんはおかずこしらえに帰ったただわい。

帰る途中でタコ売りがおってな、そのタコを買ったただわい。買って、そから今度持って帰って昼飯のおかずに焼いただわい。そがしたらな、今までは仲がよかったに、今度、その日になってな、

「もう、あんたとは離縁する」言ってこけもどっただ。その婿さんが、

「なんでや」言ったらね、

「昔から、惚れてつまらぬタコ食う人にゃ」

他国の人にちゅうことをね、タコ食う人にしてね、

「『惚れちゃつまらぬ　タコ食う人に　末にゃカラスの泣き別れ』だから、もう今日限り

縁切りだ」って言った。
そがな話があるよ。

［昭和五十一年八月二十二日収録　聞き手：大上朋美・大野幸夫・錦織久美子］

解説　語り手は北分・万谷キヨさん（明治三十七年生）。関敬吾博士の『日本昔話大成』には見られない話である。したがって単独伝承といえる。労作歌の詞章に「惚れちゃならない／他国の人に／末はカラスの泣き別れ」という比較的知られたものがあるが、この話はそれを下敷きにして、茶化したスタイルに変えて作られているのである。

32．屋敷論《やしきろん》

（多井）

とんとん昔があったげな。あるお寺に和尚さんと小僧さんとがおったげな。

あるとき、

「小僧よ、小僧よ。隣に屋敷論で喧嘩があるそうだけに、行きて聞いてこいな」

「はい、はい」

小僧さんは出かけたものの、和尚さんが自分の留守の間に何かうまいものを食べる考えに違いない、と戸の節穴からのぞいて見ていたら、和尚さんは囲炉裏《いろり》のアブリコに餅をいっぱい並べて焼き始められたげな。小僧さんはちょうどその餅がうまそうに焼けたころを見計らって帰ってきたげな。

「和尚さん、和尚さん、今帰って来ました」

「は、おお、もどったかい。喧嘩はどげなふうになった」

「はい、その箸をちょっと貸してくださんせな」

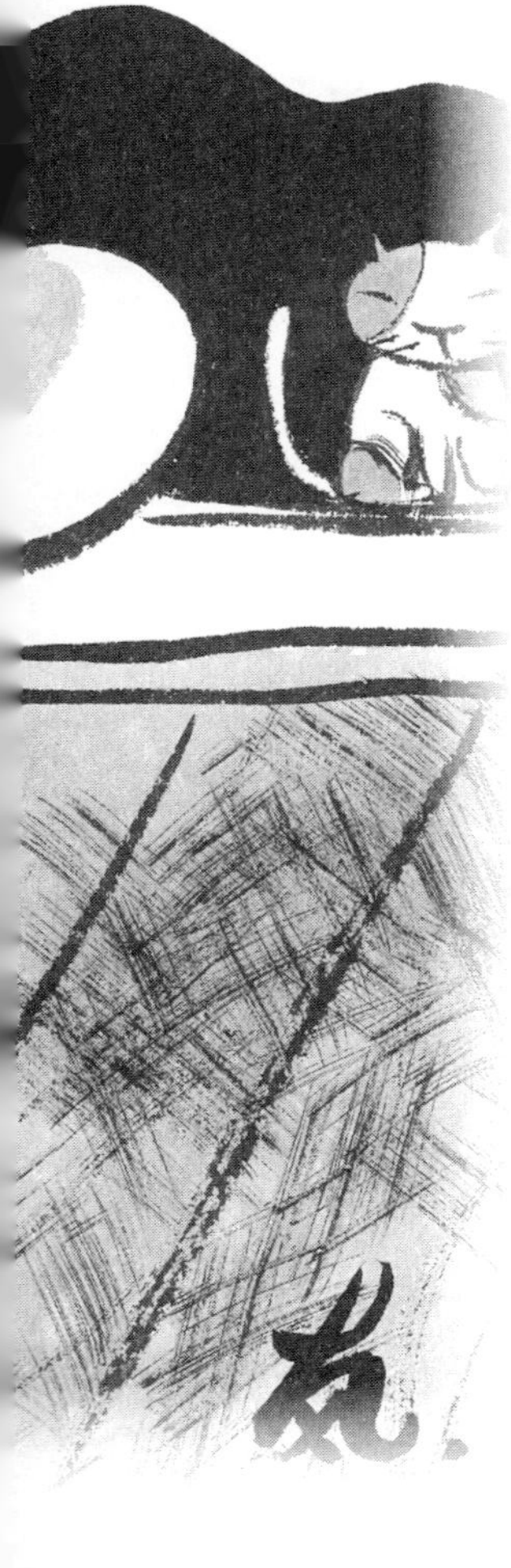

小僧さんは、そう言って箸を取って囲炉裏の半分どころへ箸を入れて、

「和尚さん、和尚さん。ここからこっちは太郎兵衛の分で、ここからこっちは次郎兵衛が分で、ちょうどこの通りに所配がつきました」と言っていると、箸に餅がささって出てきたので、

「おお、お、そげやったか」と和尚さんは言われながら、餅はしかたなく小僧さんと半分ずつ仲間にして食べられたげな。

その昔。

［昭和四十八年七月十四日収録　聞き手：酒井董美］

32. 屋敷論

解説 語り手は多井・木野谷タマさん（明治十九年生）。関敬吾博士の『日本昔話大成』では、笑い話「和尚と小僧」譚の中の「焼餅和尚」として分類されている。そして説明は次のようになっている。「和尚が餅を灰に埋めて焼く。小僧が来たので建て前を見せてやる。小僧は造作の説明を灰の上に書きながら餅を発見して食う。」

海士町のもサンプルとしてまさに典型的な話といってよいことが分かる。島根県下でもこれまでに多くの類話が収録されており、内容で多少の違いが見られる。雲南市頓原町奥畑では、小僧が買物に行き、橋が掛かるのを見たと報告して、そこで餅を発見する。同町角井では、小僧は和尚が日ごろしていることを知っていて、お勤めから帰って順路を報告したり、天井から鍋で煮た餅をつついたりする。大田市大森町では、和尚が一人で餅を食べようと三人の小僧を使いに出すが、一人だけ使いに行かないで残っていて、他の小僧に連絡をとって帰らせる。和尚は餅を灰に隠すが、小僧は使いに行く道中で犬に出会い、カラスに石を投げたが、その場所はここと言って餅を発見する。

伝承文学の常として、大きくみれば同一話型であっても、このように地域によって細かいところでは、それなりに違いが見られるが、そこがまた興味の尽きない点でもある。

33．三人《さんにん》小《こ》僧《ぞう》の歌《うた》比《くら》べ

（多井）

昔、お寺に小僧さんが三人、おったげないう。その小僧に和尚さんが、謎っていったことでございましょう。一《ふと》つ力くらべさしてみようかいと思って、「明日《あした》あ、もう食べるもんがなくなった。唐臼《からうす》搗《つ》かなならんだあな。まあ、ひとつ、主《のし》やつ（おまえたち）が謎かけえけに解《て》えてみな」てて言わえて、で、「はい、はい」てて言って。一人の分は

地獄の先の鬼唐臼　死《す》んで行かねば　わしゃ搗《つ》かん

てて言って。一人の分は、

膠《にかわ》でつけた石仏　温《ぬく》もりが入らにゃ　わしゃ搗かん

てて言って。一人の分は

　沖におる走り船　磯が荒れて　わしゃ搗かん

てて、

　そんならが、（彼等が）言ったそうな。

　で、和尚さんが、

「二人《ふとり》は『地獄の先の鬼唐臼　死んで行かねば　わしゃ搗かん』てて言うなら、おまえは一代、臼を搗きゃあも（搗かなくても）ええで。一人の分は『膠で着けた石仏　温もりが入らにゃ　わしゃ搗かん』てて言うなら、まあ、おっらと（ゆっくりと）当たって、温もりが入って搗けよ。一人は『沖にある走り船　磯が荒れて　わしゃ搗かん』ならどっこも（どこも）気温が温《ぬく》うなって、磯に船が着くようになったら搗けよ」てて言われて、その都合になったちゅう話だ。

［昭和四十八年六月二十三日収録　聞き手：酒井 董美］

解説 語り手は多井・木野谷タマさん（明治十九年生）。関敬吾博士の『日本昔話大成』でこの話の戸籍を調べると、笑話「巧智譚・和尚と小僧」の中にあってしかるべきであるが見つからない。しかし、各地で昔話を調べていると、「和尚と小僧」の枠組みの中で、和尚が小僧たちに歌を競わせて、優れた歌を作った小僧に褒美を与えるという話は多い。今回のものもそのように考えればよいと思われる。

34. ぼた餅《もち》は観音《かんのん》さん

（菱浦）

昔がありました。

和尚さんと小僧さんと、あるお寺に二人おりました。

ところが、和尚さんが人の霊祭《れいさい》に行きて、留守の間に、隠しておった壺のものを食べてしまって、ほで（それで）、和尚さんが戻ってきて大変叱られて、「ほんなら、わしが食べたか食べんか観音さんに聞いてみい」いうことで、金《かね》を叩いたら、

「クワーン、クワーン」言った。

「そら、見さっしゃい。クワーン言うだらが」言ったちゅう。

その昔。

［昭和五十年五月三十一日収録　聞き手：池田百合香・若松紀子・福原隆正・酒井董美］

解説 語り手は菱浦・山崎ツギさん（明治三十二年生）。関敬吾博士の『日本昔話大成』でこの話の戸籍を見ると、「笑話」の中の「三　巧智譚」「B　和尚と小僧」に「餅は本尊様」と分類されているのに当てはまる。そこでは次のように紹介されている。

　小僧が牡丹餅（その他）を盗んで食い、餡《あん》を金仏の口にぬっておく。和尚からとがめられて、犯人は金仏だという。和尚がたたくとくわんと鳴る。小僧が煮る（水に入れる）と、くったくったと白状する。

　山崎さんの話では、この戸籍から見ると、少し変形されてはいる。また壺の中身については具体的な物の名前は出てこない。聞き手が砂糖とか、餅、あるいはぼた餅などと自由に想像するばかりである。しかし、まぎれもなくこの話は関博士の分類「餅は本尊様」に当てはまる。郷土部発行の『島前の伝承』第一号では、話のタイトルを「砂糖？は観音」としているが、壺のものを砂糖ではなかろうかと推定したものである。

　山崎さんは、中身の名前をつい語るのを省略されてしまったのであろうが、聞き手に壺の中をあれこれと想像させるような語りも、なかなかおもしろい。山崎さんによると、この話は祖母から聞かせてもらったとのことだった。

35. 小僧《こぞう》の蜂蜜《はちみつ》なめ

（北分）

とんとん昔があったげな。

和尚と小僧があったげな。小僧というやつはなかなか利口なやつで、和尚が法事に行きた留守の間に、和尚が大事に大事にしてとらげこんでおる蜂蜜《はちみつ》を取っ出て、すっぱりなめてしまったげな。

「さぁて、困った。和尚さんがもどったらどげして言い訳しょうかい」思って、その蜂蜜がちいと皿に残っておったやつ、阿弥陀さんの口のほて（ほとり＝周囲）いっぱいつけて、そげして知らんふうしちょったげな。そしたら和尚がもどってきて、

「蜂蜜食わあか」思ったら、蜂蜜はふとつだいあれせんだけん、

「こな、小僧、小僧。主《のし》ゃ（おまえは）蜂蜜食えさったか」言ったら、

「わしゃ知らんじゃぁ」

「わしゃ知らん、言ったてて、おまえよりほかにおれせん」

「ひょっとすりゃ、そりゃぁ、阿弥陀さんだねえかの、阿弥陀さんに聞いてみさっしゃいな」言って、そって、阿弥陀さんに行きたら、口のはたにいっぱい蜂蜜がちいておったちゅう。

「やれ、やれ、分かったわい。こら、阿弥陀さんが知っちょっわい」

そげしたところが、和尚さんが、

「阿弥陀さんが蜂蜜食わぁやあねえだけん、この阿弥陀さんに白状さして、本当か嘘か白状さしてみい」てて言って、大けな棒持ってきて阿弥陀さんをくらわしたとこが、阿弥陀さんは、なんぼたてても、たてても、

「クワァーン、クワァーン、クワァーン、クワァーン」言うで、そっか、

「小僧、主《のし》ゃ、この阿弥陀さん、どげいったてて、クワァーン、クワァーン言うに、よう、阿弥陀さんが食わぁわな」言ったら、

「この阿弥陀さんちゅうやつぁ、なかなか強情なやつでの、そげなたてたぐらいなことで白状すっやあなこたぁありぇせんけん、和尚さん、大きな釜に湯クラクラ煮やけて、こいつをさでこんで（投げこんで）やらっしゃい。きっと白状すっけん。釜いで（釜ゆで）にせにゃ、このもな白状せのわな」言った。

そっから、小僧さんが、大きな釜の中に阿弥陀さんをさでこんで、グラグラ、グラグラ

煮えたらけぇ、阿弥陀さんもあちだけん、

「クッタ、クッタ、クッタ、クッタ、クッタ、クッタ」

「そりゃみさっしゃいな。釜いでにしたら白状したがの」てて言って、そって、和尚さんも一本まいってしまった。

そっばかりの話。

［昭和五十一年六月十二日収録　聞き手：濱谷深希・池田百合香］

解説　語り手は北分・前田トメさん（大正三年生）。関敬吾博士の『日本昔話大成』でこの話の戸籍を見ると、「笑話」の中の「三　巧智譚」「B　和尚と小僧」に「飴は毒」と前に紹介した「餅は本尊様」が混じり合ったものに当てはまる。まず「飴は毒」は次のように紹介されている。

和尚は飴（梨・酒・砂糖・金平糖）を毒だといって小僧に与えない。小僧は和尚の秘蔵の茶碗を割って飴を食う。申し訳に死ぬつもりだがまだ死ねぬという。

続いて「餅は本尊様」では、以下のようになっている。

小僧が牡丹餅（その他）を盗んで食い、餡《あん》を金仏の口にぬっておく。和尚からとがめられて、犯人は金仏だという。和尚がたたくとくわんと鳴る。小僧が煮る（水に入れる）と、くつたくったと白状する。

前田さんの話は、こうして眺めてみると、二つの話が、巧みに融合して出来上がっていることが分かる。地方によってこのような変化が見られる点が、伝承のおもしろさだと言えるようである。

36. 極《ごく》楽《らく》浄《じょう》土《ど》迎《むか》え

（保々見）

とても信仰なおばあさんがね、お寺参りをして帰んに、ご本尊さんに向かって、

「頼んますから、一日でも早ぁに極楽浄土に迎えてください。迎えてください」言って、いつもそのばあさんがご本尊さんに鉦《かね》叩いて拝むわけだ。

ところが、そいつを小僧さんが脇から見とって、

「このばあさんは面白《おもっ》せこと言うな。ひとつ、何ならご本尊さんに代わって返答してやらぁか」って。明日《あした》、ひとつ、あのばあさんが来る時間にと待ってからに、ご本尊さんの後に隠れて…。

ところが、ばあさんが鉦たたいて線香立てて。

「どうぞ、お願いしますから、わしを一日でも早ぁに極楽浄土へ迎えてください」言うて、一生懸命拝むわけだ。

それから、小僧さんが、

「よし、よし、ばあさん、毎日来て頼めば、よし、よし、分かった。もう三日先になったら極楽浄土へ迎えてやるから、安心して帰れ」言って。

こりゃま、ばあさん、びっくりしてしまったわけだ。

「やれやれ、ここのご本尊さん、冗談でも恐ろしいことだけん」。うろたえて帰った。

そっだから、必ず偽《にせ》の信仰してはいけんちゅうことだ。そういう話があったわけだ。

［昭和五十一年五月一日収録　聞き手：大上朋美・池田百合香・小新恵子・酒井董美］

解説　語り手は保々見・川西茂彦さん（明治二十七年生）。この話は関敬吾博士の『日本昔話大成』には出ていない。つまり、海士町に伝わる単独伝承かも知れない話である。それはそれとして、これは一種の笑い話として分類することはできる。

したり顔でいかにも信心深そうにお参りしても、心にもないことを唱えているおばあさんを小僧さんのいたずらで、その本性を見破ったところに醸し出されるユーモアがこの話の主題であろう。そして「そっだから、必ず偽の信仰してはいけんちゅうことだ。」と語り手は、さりげなく教訓を最後に残している。昔話の機能として、聞き手に教訓を与える場合がよく見られるが、この話も、その一つであろう。

37. ネズミ経《きょう》

（多井）


とんとん昔があったげな。

あるところにおじいさんやおばあさんやあったげな。で、坊《ぼん》さんが、「宿を貸してくれ」てて言われて、喜んで宿を貸しぇたげな。で、夕飯をもうしまって、仏壇で、

「まぁひとつ、坊さん、拝んでください」

での、仏壇に向かっただえど、その坊さんはあまりお経だり何だり知らぬ坊さんで、南無阿弥陀仏は言ったけど、何も言うことはわからだったに。

そこへネズミが出て来ただけに、

「東のかたからお出かけなされて、おねまりなされて、世界をポチポチ」てて、座っておっただけん、で、そうしたら、西の方にちょとした穴があったに、そこへ落ちてしまっただけん、で、

「八方地獄へ逆落としだ」てて言って。

そいして、おじいさんやおばあさんは習ったと思って、「東のかたからお出かけなされて、おねまりなされて、世界をポチポチ、八方地獄へ逆落とし」てって毎晩拝んじょったところへ、あるとき泥棒が来て、なんぞ取ってやらぁと思って外から、節の穴からのぞいて見ておったに、なんだいらなあ、おじいさんやおばあさんやぶつぶつ言わっしゃぁわいと思って聞いていたら、

「東のかたからお出かけなされて、おねまりなされて、世界をポチポチ、八方地獄へ逆落とし」てって言わっしゃっだが、

「こりゃまあ、ろくなことだねいけん、はやぁ帰ら」てって、泥棒が帰ったそうです。

［昭和四十八年六月二十三日収録　聞き手：酒井董美］

解説 語り手は多井・木野谷タマさん（明治十九年生）。関敬吾博士の『日本昔話大成』でこの話の戸籍を調べると、「笑話」の「一　愚人譚」の中の、どういうわけか「C愚か嫁」の項目に「ネズミ経」として登録されているのに当てはまる。そしてそこには以下のように紹介されている。

1、偽の僧が婆の家に泊まる。経を教えてくれといわれて、鼠を見て「おんちょろちょろ出候」と教える。2、婆が唱えていると盗人が入る。盗人は自分の行動をいわれていると勘違いして逃げる。

木野谷さんの語られたこの昔話も、関敬吾博士の調べられた話型に、このようにみごとに当てはまる。離島の海士町で伝えられている昔話も、まさにわが国の昔話の法則に沿って伝承を続けているのである。四十数年前にうかがった木野谷さんのお元気だった姿が、懐かしく思い出されてならない。

38. 福《ふく》 八《はち》

（菱浦）

昔。殿様のとこに出入りの福八ちゅう男があっただの。ま、話のよう話す、出入りの福八が話すだけん、

「ま、今日はさもしい（寂しい）けん、福八を呼んで話を聞かあや」て言って、

「おお、そらいいなあ」。殿様が言って、

「の、福八呼んで来いな」

そか、下のもんに呼んで来させて、

「ああ、殿様、何でございますか」言って、

「ええ、何てて、まあ、あんまりさもしいだけん、おまえが話聞かぁと思って。また、今日もふとつ話さんか」言って。

「ああ、殿様、話すはいいだいどけ、わしゃ、ま、やめた」

「なあせ、やめっだ」

「ま、わしが言ったことは、嘘だらが。嘘だらぁ。け、話《はね》たてて
け、弾《はず》みがない。今度《こんだ》、殿様、あんたがわしが話いたこと、嘘だがや、言ったてや、あんた、褒美ごすかの、そいつを楽しみに話すだ」言った。
「そな、ふとつ、褒美やっけん話せな」
「そんなら、話しましょうかなあ」言って、そから、
昔の、広っぱの野原に毛氈《もうしん》を敷いて、芸者を呼んでチェンチェ、チェンチェコにぎやかでした。
「お、そげな話か。いい話だな」
「け、殿様のおつもりさんが、け、

前へポロッと落ちてきて…」
「ええ、嘘だらや」ちぇって、殿様が言ったら、け、福八が勝ってね、褒美をもらった、という話だった。

〔昭和五十年十一月二十八日収録　聞き手：福原隆正・池田百合香・小新恵子〕

解説 語り手は菱浦・渡部松市さん（明治二十八年生）。関敬吾博士の『日本昔話大成』でこの話の戸籍を調べると、「笑話」の「三　巧智譚」の中にある「A　業較べ」の項目「嘘の名人」が関係ありそうである。そこには以下のように紹介されている。

　話の聞き手が「そんなことはない」といったら、語り手に米一俵やる約束をする。（a）殿様の頭に鳶が糞をしたので首をすげかえた。（b）蛇が自分の尻尾から食って頭だけ残る。（c）桐の茶釜で湯を沸かす。聞き手がそんなことはないといったので負ける。（そんなことはないともいう。）

　渡部さんの語りは、確かにこの系統を引く話であることは、どなたも異論はないと思う。隠岐島前高校郷土部がスタートした年に収録できた話である。

　なお、「福八」という名前は、他の地方で「彦一」とか「彦八」「吉四六」などと名付けられているおどけ者の系統を引くものであろうと推定される。

39. 逃《に》げた仁《に》王《おう》

（菱浦）

どこのお寺へ行きても大きなお寺なら仁王さんが門番をしちょる。一畑さんへ行きてもどけ行きても、大きな寺には仁王さんちゅう日本で一番力が強い者がおる。

ところが、その者が、昔、唐《から》ちゅうとこに四王ちゅうもんがおったわな。船でその弟子らち連れて唐へ渡ったちゅうことだ。ま、行きたところが他所の方にも大けなクズヤ屋根があってな、大臣さんのやあに大びきやる者は五百円。そか、上やどこや寝とったりすりゃ千円取りよったに、そがな大きな家に四王ちゅうもんがおって、そこへ行きて、

「ま、こがこがで日本から渡ってきた」言って、奥さんが出てきて、

「よう出てきてくださったのう。ま、上がらっしゃい。お茶ども出すけん」言って、そか、ま、お茶呼ばれたところが、ほんに仁王さんがどがな気がしたやら、庭のこがな大きな下駄の緒がそろえてある。

「こりゃぁ、われは日本では強いと思っちょったに、ならんわい」ちゅうことになって、

そいでまあ、弟子連れて相談して「いのう」ちゅうことになって、どっど、どっど下って、せ、船に乗って日本に向かった。

そうしたとこが、四王ちゅうもんが、うちへもどって来て、奥さんからその話を聞いて、「後《あと》へもどいて試合しよう」言って、そいから、四王ちゅうもんが、「よーい、よーい」言って呼ぶだいど、後にもどりゃあせん。ま、恐れてしまっておっとこが、け、四王ちゅうもんが、鎖の網をバーツと打ったとこが、まあちっとすらけ、艫《とも》にかかる。そっがかかったら、後へ引きさがらならんに、かからだった。

「まあ、いい調子に、われら出たわい」言って話して日本にもどったちゅうことだけの話だった。

［昭和五十年十一月二十八日収録　聞き手：福原隆正・池田百合香・小新恵子］

解説 語り手は菱浦・渡部松市さん（明治二十八年生）。関敬吾博士の『日本昔話大成』では笑話の大分類で「巧智譚」の中に「業較べ」として「仁王と賀王」の題で登録されている。それは以下のようになっている。

1、仁王が賀王のところに力較べに行く。（a）母親（女房・弟子）が鉄の煙草盆を出す。（b）鉄の杖（大箸・大釜ほどの茶碗・大下駄）がある、仁王はいずれも動かせない。（c）地響がして賀王が帰る。2、仁王は恐れをなして舟で逃げる。賀王が鉤《かぎ》のついた鎖を投げて引きよせるのを鑢《やすり》で切る。賀王は爪で切ったと思いちがえておそれる。

海士町の渡部さんの話も、おおむねこのスタイルに沿って語られているのである。

40. 甘酒《あまざけ》おろし

（御波）


昔あるところに和尚さんと小僧さんとがあったちゅうわいな。

小僧さんがけぇ、才知《さつじ》がたけちょってけぇ、いつも和尚さんがやられてばっかりおっただちゅうわな。

あるとき、和尚さんが黙って小僧に知らしちゃならんちゅうで、二階の隅で甘粥《あまがゆ》を作って、ほっか、われ一人チビチビやっちょった。けぇ、小僧がそれを見つけてほしゅうてかなわんだによって、いつぞやってやらあと思うたが、和尚さんがいつだり留守にせえせん。

「はて、どうしたらいいだけ、目に遭《あ》ぇーてやれ」と思って、あるとき、和尚さんが、

「小僧よ、小僧よ。明日《あした》はな、檀家の衆《し》が法事の後で寺へ参《めえ》りにいらっしゃるすけに、甘酒を出さんならんけん、あれ、下ろすけにな。主《のし》ゃ壺を下ろすだけん、尻持っちょれよ」てけ、言っただけ、

「はい、はい、和尚さん、分かりましたっじゃ」て言うもんだけん、和尚さんはけ、梯《はし》

子《ご》を掛けて、二階上がってね、こっど甘酒の壺をこがして持って、
「小僧よ、下ろすぞ。いいか、持ったか」と言ったとこが、小僧めが、
「はい、和尚さん、持ったじゃ」ちゅうたもんだけ、手を離《はね》たとこがけ、壺が落ちて、ドシャーンていってけ、流れてしまったわな。
「こらんま、小僧、びったい、主《のし》ゃどげいうことだだ。せ、あげに『尻持て』言っちょんに、主《のし》や、なぁせ持たざっただ」言ってみたところが、「和尚さん、これな、私《だ》、尻が痛《いて》ほど持っちょっだっじゃ。まあ、離《はね》てもいいかの」「やれけ、主《のし》がやあなけ」って、こっでけ、いつも、この調子でけ、和尚さんはやられたふうでごわすわな。

それだけにの、時々、小僧にも可愛がってやらにゃいけんちゅう話でござんすだわな。

この話は、こっでおしまいでごわすわな。

［昭和五十一年八月二十一日収録　聞き手：大野晏代・添田シゲ子・佐野敏子・濱谷深希・酒井董美］

解説　語り手は御波・濱谷包房さん（昭和三年生）。関敬吾博士の『日本昔話大成』で調べると笑話の中の「和尚と小僧」にありそうだが、そこにはなく、どうやら「愚か聟」の「法事の使い」の終わりの部分に該当しているようである。以下に引用しておく。

三三三B　法事の使（AT六九六）

兄と弟（親と子・〈子は一人または二人〉・嫁と聟）。1、弟が母親の法事の使いに、坊主は黒い着物を着て大きな家にいるときいて迎えに行く。鳥（四十雀）・小屋の牛（鶏）にそういう。2、兄が代わって迎えに行く。弟が飯を炊くとぶつくたと煮える。（1）弟は自分の名をいわれたと怒り、（a）釜を捨てる、または（b）灰を入れる。（2）兄が酒瓶を二階から下すのでその尻を持てという。弟は自分の尻を押さえていたので瓶は落ちて割れる。（3）酒が坊主にかかる。風呂をわかして坊主を入れる。3、ぬるいので何でもたけといわれて弟は和尚の衣をたく（燃やす）。

41. 侍《さむらい》とおやじの歌《うた》比《くら》べ

（多井）

とんとん昔があったげな。

あるところに炭焼きじいさんが炭を一荷《いっかお》負って下《くだ》るところを、ちょうど、下《しも》の方から侍《さむらい》だったやら、何だったやら、馬に乗って上がりかけて。で、炭焼きじいが頭がみんなてれて、後ろにちょっと髪があるやつをちょんまげに結《い》ってござったさぁなに、その侍が、

「じいよ、じいよ、おまえに一句あげよう」てて、

「はい」てて言ったら、旦那が、

禿《は》げ山になぜに鳥居《とりい》が見えぬやら　すこしをするに髪《かみ》がますます

てて言って、一句あげたさなに、炭焼きじいが、

「はい。旦那《だんな》、あんたにも一句あげましょうか」て言ったら、

「おおおぉ」てていって言われたら、その炭焼きじいが言うには、

名所古蹟《こせき》は多けれど　花（＝鼻）のないのが寂しかるらん

てて言って、もどされたさで、で、けぇ、そこで別れて、旦那が帰って言われるにゃ、「今日は、け、炭焼きじいに出会って、炭焼きじいが頭がてれちょったもんだけん、一句やらぁかてて言って、けぇ、一句やったら、禿げ山になぜに鳥居が見えぬやら、すくしをやるに髪（＝神）がますます、言ってやったら、旦那ぁあんたにも一つもどしましょうか、てて言うで、おおおお、てて言ってもらったら、名所古蹟は多けれど　花（＝鼻）のないのが寂しかるらん、てて言ってもどしした」てて言われたら、かんさん（おかみさん＝奥さん）が、

「何と口惜しいことだったなぁ、ま、いかにも口惜しかったなぁ」てて言ったら、

「おまえは口惜しいか、わしゃ鼻ほしいわい」てて、旦那が言われた。そんな昔。

［昭和四十八年六月二十三日収録　聞き手：酒井董美］

解説 語り手は多井・木野谷タマさん（明治十九年生）。関敬吾博士の『日本昔話大成』で調べると笑話の「狡猾者譚」の中に「おどけ者」の項があり、そこに「鼻なしの歌」に該当しているようです。以下に引用しておきます。

六〇八　鼻なしの歌

鼻かけの男（聟）が禿頭《はげあたま》（嫁）を神社に神（髪）のないのが残念、禿頭は山に花（鼻）がないのが残念といってからかう。

木野谷さんの話では、侍の鼻がかけていたのをからかったようでもあり、あるいはおかみさんとの会話からおやじさんの鼻がかけていたので、おやじがそちらを苦にして侍の歌に返したのか、そのあたりがやや不明になっている。しかし、全国的に見られる「鼻なしの歌」の話型が、ここ海士町に存在していたことが、この話で証明される貴重な意味を持っていると解釈できる。

42. 申《しん》庚《こう》さんのルサ

（北分）

あるところに夫婦と女の子が一人あって、がいにその女の子を、初めて出来た女の子でね、楽しんでおったらしいわね。

そがしたらね、そって何でも旅人ちゅうか何ちゅうか知らんだだいども、宿がなぁて困ってねぇ、山の中の一軒家みたいなとこだったらしいわね。そこへ行きて、「今晩一晩、宿貸してくれ」言うに、どうも貸せさもないですだけんね、一人ある女の子がたいしたいい子だないだども、その人がその子を褒《ほ》めたてだわね。

それがうれして、今度、その晩に宿貸してくれたたわね。ええ賄《まかな》いしたかせんかは知らんだどもね。

そがしたらね、そいで明くる日ね、その人が逃げて（去って）から後に、親戚の人が来てねぇ、そいで、

「夕べこうこうで、旅人が泊まったに、ここの何だい、娘の名を言って、がいに褒めて

くれた。ええ子だ言って褒めてくれた」いって言ったいうにな。そがしたら、

「どが言って褒めた」言って聞いたら、

「がいにいい子でな、この子は申庚《しんこう》さんの前のルサさんみたいな子だ」言ったとや。それで分かっか。え、そっでな、

「申庚さんの前のルサさんみたいな子でな、きれえな子だ」言ったたって。

吉見の下《しも》に庚申《こうしん》さんがあらあがや。な、あの石の大きな建った、屋敷へ行く道に。あの前に「庚申」と書いてある下にな、猿がおっただわい。そっで、そのもんは、その「庚申さんの前の猿に似ちょる」ちゅう意味で言っとっだいぞな、ほだだいど、それを逆さまに言ってな、そこへ泊まらぁ思っとっだけんな。そいで、申庚さんの前のルサさんに似たええ子だてて言っただわな。

「おまえらちゃ、そっで、ええ言葉だと思っておっか」言ってな。

「庚申さんの前の猿に似ちょるちゅうことだがな」てて言ったたてな。

そいでこんだ、

「そんな、宿貸さなよかったに」ってな、口惜《くちお》しがったいう話もあっだで。

〔昭和五十一年八月二十二日収録　聞き手：大野幸夫・錦織久美子・大上朋美〕

解説　語り手は北分・万谷キヨさん（明治三十七年生）。この話は一読して分かるように笑い話である。けれども関敬吾博士の『日本昔話大成』には、この話型は見当たらない。つまり海士町だけに伝えられている単独伝承の話ということができる。私がこれまで半世紀以上にわたって、昔話を尋ねて山陰各地を回ってみても、他の土地で聞いたことのない話である。

話自体はいたって明快で、宿を借りようと訪ねてきた旅人が、とっさに出てきたその女の子を見て、お世辞にも美しいと言えない娘であったので、「庚申さんの前に飾られている猿」に似ているのを、単語の音を入れ替えただけで、からかい気味に褒めあげたのであるが、家の者はそうとは気づかず、褒められたと喜んで、その旅人を歓迎したという話である。もっとも、家の人が喜んで親戚の人に話したところ、聞いた人はそのからくりを悟って、本当の意味を教えると家の者が悔しがったけれども、それは後の祭りだった、というオチになっている。

海士町にもなかなかユーモアのセンスのある人々がいたことを、これは物語っているのであろう。

43. 藤太《とうた》の失敗《しっぱい》

（知々井）

昔々。二人の漁師があったそうでございます。その漁師がイカ釣りに一緒に行ったそうでございます。片方の一人が藤太という名前だったそうでございます。で、もう、イカが途中でなくなったものだから、その藤太は、「寝ているから、イカが来たら起こしてくれえよ」と頼んで寝たそうです。ほいて、もう、イカが来て、今度、もう一人の漁師が、

「イカ来た、藤太」

「イカ来た、藤太」と、何回も起こしたそうですけど、その藤太は、イカが来ても、もうすぐとおた（通《とお》た＝藤太）いうことで、失敗したそうでございます。

［昭和四十八年八月三十日収録　聞き手：三原幸久・大阪外大の女子学生（氏名不詳）・酒井董美］

解説　語り手は知々井・三島静枝さん（明治四十二年生）。関敬吾博士の『日本昔話大成』には出ていない話型である。お読みいただければすぐ分かるように個人名の「藤《とう》太《た》」と「通った」の言葉が掛詞《かけことば》で使われ、名を呼ばれた藤太という男が、それを自分の名前とは解釈せず、「イカが通り過ぎてしまった」と理解したところから来るおかしさを述べたものである。

したがって昔話の分類からすれば笑話であるが、この話は方言の特徴を生かして作られたものということができる。

さて、語り手の三島さんは、当時六十七歳だと話されていたが、とても丁寧な語り口であったことが今もはっきりと印象に残っている。また、聞き手の三原幸久氏はこのとき大阪外語大学教授であり、スペインの民話を主に研究なさっていたが、離島の民話採録の目的で学生を連れて海士町に見えたので、私が案内して三島さんを訪ねたのであった。私より一歳年上であり、とても気さくな方であった。氏は後、関西外語大学に移り、定年後も最近まで活躍なさっていたけれど、先年残念ながら物故された。

ところで、私はこれを機会に三原氏とはすっかり親しくなり、弘文堂『日本昔話事典』を作るときも、いくつかの項目を書いてほしいと依頼され、数項目を引き受けたものである。その後、日本口承文芸学会の研究会でもお会いし、いろいろ話し合った思い出は懐かしい。

44.「鬼《おに》は外《そと》、福《ふく》は内《うち》」由来《ゆらい》

（保々見）

昔から節分の晩に「鬼は外、福は内」ということがよく伝えられていますが、その由来を一つ話しましょうか。世の中にはなかなかいたずらもんばっかりおってね、なかなか言うことを聞かん。

ところが、あるお寺へちょうど節分の晩に上がってから、そのおり話があったわけだ。「今晩はしかし、年の夜であってからに、われわれのようなその一人に分からんことを早く悟ってから教えてもらうものは極楽浄土へ行くそうだ」とまあ、その占いの人が言ったそうだ。そしたら福は、

「世の中で、われほど腹一杯ものふくらすような人間はないのに、これこそ世の中は幸福だ」と言うので、世の中の人がえらい喜んどった。

「死んだときにはそれでは極楽浄土へ行くそうな。まあ、結構なことだなあ」言って笑ったような話です。

ところが、どうした調子かこの二人の人が亡くなってしまった。亡くなってやはり相棒なもんだから先の世まで道連れになって極楽浄土へ向かっとっだが。向かったところが、その途中に閻魔大王がおりましてねえ、

「おまえりゃ、娑婆《しゃば》におったとき何しとったか」

「おれはその先目が見えっから、世の中の人、分からないことを諭《さと》して、えらい人に褒められた」

「そらまあ嘘だらあ」

「いや、本当だ」

「ふんなら今日は一つ占いを診《み》てみて」

そしたところが、そう言うことだからうまく占われない。そういうと閻魔大王が、

「おい、青鬼。その占いのやつ飲んでしまえ」

「よし」

それからまあ、占い診る人をね、青鬼は捕まえて飲もうとしただ。

「頼んけえ、ちょっと待ってくれ」

なかなか飲まさない。なんぼ経っても「いい」ちゅうこと言わんから、青鬼は飲んでしまっただ。そえでまあ、亡くなったわけだ。そいで占いちゅう占い診る人は、青鬼の腹の

中に入ってしまった。そら今度は幸福だね。

「おまえはどげしておった」

「おれは、こうこういう次第でからに、世の中で全てのことに満腹を与えて福の神だ言われていた。ということだから、先の世に行ったら極楽浄土へ迎えられて、おれは優《ゆう》遇《ご》されたいうことで来ました」

「それじゃ、そんなら親の言うことはどうしたか」

「いや、親ちゅうやつは、薬缶頭《やかんあたま》が邪魔になって、なかなか親の言うことは聞けるもんじゃない」

「そんな親不孝はつまらん、飲んでしまえ」

そうしたところが、福が、

「ちょっと待ってくれ。自分はいいことだ思ってやっとんのに、そげ悪いやあに悪かったら自分ばかり損すっから、待ってくれ」

「なかなかそんなる者《もん》はなかなか改心するもんはできせん」

赤鬼に、また、

「飲んでしまえ」ちゅうだ。

「いや、ちっと待て」

「えい、飲んでしまえ」いう争いになった。ところが、福のやつは、もう腹をぷっとふくらして極楽浄土の扉の内、飛び込んでしまっただ。そいでピタッと戸を閉めてしまっただ。

そいでけぇ、鬼は外で狂っちょるわけだ。福は内に入って安楽しとるわけだ。そいで節分の晩に、

「鬼は外、福は内」と言うことを話が伝わっているわけだ。

〔昭和五十二年四月二十三日収録　聞き手：上谷千代美・宇野多恵子・上田和代・吉本千恵子・酒井董美〕

解説　語り手は保々見・川西茂彦さん（明治二十七年生）。関敬吾博士の『日本昔話大成』には掲載されていない話型である。本格昔話の「愚かな動物」に分類すればよさそうに思われる。

45.「お」の字《じ》つけ

（崎）

とんとん昔があっげな。

ある片田舎の娘さんがあって、その人が大きくなって、大阪の方に女中に出たそうで、その女中さんが、全てのことに「お」をつけないで、味噌とか醤油とか、そういうことばかり言うんだから、あまり奥さんが聞き苦しくてね、

「お竹（この女中の名前）よ、おまえはな、なんでも『お』をつけないで、味噌とか醤油とか言うと、それでは聞き苦しいから、全てのことに『お』をつけて言うてくれ」て、こう言われて、それでその女中さんが、

「はい、よろしゅうございます」言うて、それから全てに「お」をつけたんですって。

そって、もうお醤油とかお味噌とかね、いろいろに、全てのことに「お」をつけて順調にいきて喜んでいましたって。

あるときに、お便所に行きてですね、ほって、出て、

「奥さん、奥さん、ここのお便所におネズミさんがお落ちお遊ばして、お上がろうとすればおドンブリ、お上がろうとすればおドンブリ」言ってね、そう言うて話をしたんだって。

「まあ、いくらお竹よね、おまえは『お』をつけと言うたかて、そんなところまで『お』をつけてもらっては聞き苦しゅうて困るから、もう『お』をつけることはやめてくれ」言うて、

「はい、よろしゅうございます」

また、もとの味噌や醤油になってしまって。

そしたら、あるときに、

「干し物もんを干せ」と言われて、

「はい」ちゅうて、干したんだそうです。そで、干し物を干したけども、みなお竹が干したもんですから、豆さんがいるのに分からんから、

「お竹よ、こないだ干した豆さんはどこにあるか」言ったら、

「はい、あれはね、けの中に入っています」言うた。

そっでいくら聞いても、けの中に入っているって、

「まあ、それでは分からんからね。お竹、おまえがそいじゃ出してこい」言うた。

「はい」言うて、お台所の大棚の上に桶《おけ》があって、その桶を出して、

「この中に入っております」

「それは、おまえ、桶じゃないか」って、

「でも、奥さんいくら桶でも『お』をのければ『け』でございますから」

けの中に豆が入っておったんだそうです。

〔昭和五十一年七月十七日　島前老人ホームで収録　聞き手：大上朋美・小新恵子・濱谷深希・池田百合香・真野美恵子〕

解説　語り手は崎・大野トラさん（明治三十年生）。稲田浩二『日本昔話通観』の「タイプインデックス」の中に次のように出ているのが該当している。
一〇六三　「お」の字の禁
①母親が娘に、嫁にいったらていねいにおの字をつけたもの言いをせよ、と教えると、とついだ娘は、お倉のお鳥がお家のお畑にお糞をおひりになった、などと言う。
②姑が嫁に、何にでもおの字をつけるな、と注意すると、嫁は、ふくろさん松茸はけの中にある、などと言う。

46. 便所《べんじょ》は参宮《さんご》

（崎）

とんとん昔がありました。

大阪のとっても裕福な家《うち》の息子さんがお嫁さんをもらうときになってねぇ、「どれでも好きな子を、お嫁にとってやろう」と言うて、毎日往来を通る人を番頭づきで捜していたんだって。

いくらお嫁を捜してもその息子さんに気に入るお嫁さんがなくて、「これではしょうがないから、田舎回りをしよう」と言って、田舎へ捜しに行ったらねえ、その田舎に息子さんの気に入った娘さんが見つかって、

「それでは、この人をお嫁にくれ」

「そいじゃ、あげましょう」ということになったけれども、大阪の方では言葉が違うから、その田舎では、おしっこをすることを「しょんべんばくくう」いうのだそうです。

それで親が、あの高い山の上へあがって、往来下を参宮に行く人がたくさんこと通ると

きだったそうです。ほしたら、上から、

「ちょっと。旅の人、お尋ねしますがね、大阪の方では『しょんべんばくぅ』いうことを何と言いますか、教えてつかはれ」と言うて、大きな声をして上からいうんだって、呼べばね、何遍聞いても、その下を通る人が、

「参宮じゃ、参宮じゃ」と言うんだって、それで親が参宮に決め込んで、そいで家に帰って、娘に、ね、

「大阪へおまえはお嫁に行けば、必ず『しょんべんばくぅ』いうことを『参宮に行く』てて言うんだって」。そう言うて教えたんだって。

「ああ、よろしゅうございます」言うて、そっでいよいよ婚礼の時が来て、婚礼が終わって、寝間入りになったんですって。そしたら夜中に、ふっとお嫁さんが、その寝間から出て行ったから、婿さんがね、

「おまえはどこへ行く」って、

「わたしは参宮に行きっます」

そしたら、婿さんがびっくりして、

「この夜中に参宮やなんか行くものがあるか、まあ、夜が明けてから行くなら行け」言うても、婿さんがその着物の裾をつかまえて離さなかったんです。そうしたら、もう、お

嫁さんが、

「わたしが参宮に行くいうのに、あんたが離さんからね、抜けたんぼした」って。

［昭和五十一年七月十七日　島前老人ホームで収録　聞き手：大上朋美・小新恵子・濱谷深希・池田百合香・真野美恵子］

解説　語り手は崎・大野トラさん（明治三十年生）。関敬吾博士の『日本昔話大成』の笑話に属しており、次の話型である。

三六七　便所は法事

1、娘が嫁入りする。和尚に便所に行くことは何というかと親がたずねる。法事（伊勢参宮）に行くといって便所に入る。2、祝儀のときに法事に行きたいといって、（a）牛蒡《ごぼう》畑に行く。持ち主に発見されて法事だというと、人の牛蒡で法事するなといわれる。（b）伊勢参宮は来年せよと止められる。

「便所法事」にその戸籍がある。

神々の話など

47. 重《おも》たい鎧《よろい》

（多井）

昔、中良《なから》（海士町崎地区の旧家、渡部家のこと）にいろいろな宝物があったので、あるとき崎村と多井の若い衆たちが、

「なんと今日は、一つ、中良の宝物を見せてもらおうじゃないか」と話し合って、たちまち衆議一決、中良へみんな集まったげな。

そのとき、崎村の倉屋のじいやが鎧《よろい》に目を留め、

「そのりっぱな鎧をわれにも着させてごせな（わたしにも着させてください）」と頼んで着させてもらったげな。

ところが、余りに重いために身体がこわばって、どうしても立ち上がることができん。

「旦那さん、こらまぁ、昔の者はこげな重いものを着て、ようやったもんだぁ」と言ったげな。そうしたら、中良の旦那さんはかんかんに怒って、

「おのれ、人の宝を『こげな重いもん』とは何事だ。覚悟せえ」と言って、刀に手をか

けたげな。それを聞いた崎村のじいさんはびっくりしてしまって、ポーンととんで出てしまった。それを見た旦那さんは、

「ははは……」と大笑いして、

「じいよ、じいよ、こけ来いな（ここへ来なさい）。主《のし》らちゃ（おまえたちは）まだ本当の心でおらんだけん、いざちゅうときには鎧だり何だり（鎧だろうと何だろうと）重ていもんだねいだわい」と言われたげな。

［昭和五十一年六月十九日収録　聞き手：大上朋美・濱谷深希］

解説　話し手は多井・野沢兵十さん（明治三十七年生）。これはまぎれもなく世間話に属するもので、崎地区ではよく知られた話のようである。しかし、類話は他地区では聞いていない。

名家の宝物をかりそめにでも身につけてみたいと思うのは、いつの時代にでもある人々の願望であろう。この話の場合は、近所の人のよい爺がこれまた人のよいと信じている旦那に宝物の鎧を少しだけ着させてほしいと所望し、旦那の許しを得て着てみたが、あまりの重さに立つことができない。そこで「昔の者はこのような重い鎧をよく着たものだ」と感心して何気なくそのような感想を述べてみた。

もちろん、旦那を信じてきっている爺には、何のこだわりもない。その言葉を聞いた旦那は、一計を案じて爺に刀を向ける。爺こそとんだ災難、まさに晴天の霹靂《へきれき》である。「命あっての物種」とばかりに逃げ出す。気づいてみればばりっぱに走り出している。話はここでまたドンデン返し、じつはとっさに考えた旦那の狂言だったというのである。

ここ崎地区は隠岐島の中の島にあるのどかな集落であり、崎と多井の二つの集落に分かれる。また渡部家は崎地区の名家として知られている。そして話し手の野沢さんは多井の方である。このようなのどかな地区にこそ、ユーモアあふれる世間話の生まれ出る基盤が存在しているのであろう。

47. 重たい鎧

48．菅原道真《すがわらのみちざね》とお茶《ちゃ》

（北分）

昔、菅原道真いう人がな、朝間、敵《かたき》みたいな人に追わえられてな。そって今度、「自分はここにおってはだめだ」思って、家《うち》を出て田舎道を歩いちょったら、そこのへんにおばあさんの家があって、そって、

「そのおばあさんの家に隠してもらわぁ」思って、そこへ寄ってな、そしたらおばあさんがそれとは知らずに、

「まあ、朝茶だからお茶一杯」てて、こう言われただけん、そって、そのお茶をよばれてな、二杯目のお茶を、

「もう一杯」てて、こう言われたときにな、

「や、おばあさん、もうたくさん」。こが言ったらね、そのおばあさんが、

「昔からねぇ、朝間の一杯茶は縁起が悪い」言うてね、そって二杯を受けておるときに、敵もそこを通り過ごされてね、難を逃れた人もありますだでてて、話をされただわね。

［昭和五十一年八月二十二日収録　聞き手：大野幸夫・錦織久美子・大上朋美］

解説　話し手は北分・万谷キヨさん（明治三十七年生）。この話は民話の中の伝説に分類される。それは菅原道真（八四五〜九〇三）という実在の人物のエピソードの一つとされているからである。道真は、みなさんもご承知のように平安時代の貴族である。学者、漢詩人、政治家で忠臣として名高く、宇多天皇に重用されて寛平の治を支えた一人だった。醍醐朝では右大臣にまで昇ったが、左大臣藤原時平に讒訴《ざんそ》され、大宰府へ左遷されて現地で没した。道真の死後、天変地異が多発したことから、朝廷に祟りをなしたとして恐れられ、天満天神として信仰の対象となり、現在は学問の神として親しまれている。

49. 豊田《とよた》に小豆《あずき》のできないわけ

（東）

小豆が穫《と》れないというのはね、前の者《もん》の言うことですけど、昔、腹の太い者がね、子どもを産むのに、子どもを産めば三日の祝いとか言ってね、おはぎこしらえたりしますが、そこにどなたかそりゃ知らんだいどね、

「子どもを産むから、小豆をちいとごせ」言って、里へ行きました。そこにおばあさんがね、

「ここは小豆がないわな」言って、あげだったとな。

そって豊田には小豆ができんと、前のもんの言うことですわ。そって必ず豊田には小豆ができない言いましよった。

祝いで、おはぎをこしらえる気での、米をといだちゅうにの、豊田にゃの、米をといだ、やっぱり米の汁のやぁな、海にの、水の出っとこがありますとな。米のといだ汁は白いがの、白い海の水が、そいが「産宿」いうとこかの。豊田にありますに、そこにはの、海の

水が白いとな。未だに。

そって、小豆をの、ごさだったために小豆は全然できぬてて。

［昭和五十一年八月二十二日収録　聞き手：小新恵子ほか］

解説　話し手は東・細川カツさん（明治十八年生）。豊田という地名が出ていて、そこの出来事というように話されているため、分類すれば伝説の部類に入る話であろう。そして小豆が出来ない理由ということなので、細かく言えばこの話は「由来譚」ということになる。

50．家督《あとど》さんと住吉《すみよし》さんの問答《もんどう》

（保々見）

昔々その昔ね、家督《あとど》の神さんと住吉さんとの問答があったわけだ。

そって住吉さんが言われるには、

「家督さん、家督さん、あんたは高い山から眺めてござるが、この海士の島から西ノ島へ一夜のうちに渡るような方法ができるか」言ったら、

「ああ、そりゃできるとも、できるとも。だいじょうぶ。とにかく自分がやる」言って、

そって、今度、家督さんと住吉さんとの問答がそこであってね、そいで、

「今夜のうち、向こうへ渡る橋架けてやるから」

「よし、架けます」

「もし、できたらどうする」いう問答があったわけだ。それについては話の解決がつかなかったけれども、

「できたら、できたときのことにすらいいだないか」と。

「できな、できんことにすらいいだねえか」と言ったときに、住吉さんが言われるにはね、

「もし、今夜の夜のうちにできんということなら、あんた、その首かけっか」って、

「だいじょうぶだ。もう言ったことは、やらにゃしょうがない」

「ほんなやれ」ちゅう。

そっで一夜の間に向こうへ橋を架けることになったわけだ。そっで別れたわけだ。それをアマンジャクいうやつが、そいつを陰で聞いておってな。

「よし、家督さんが啖呵《たんか》きったが、ひとつ、今夜、家督さんをひどい目に遭《あ》わせてやる」

そいで家督さんが橋架けるために石を運んでやりかけたと。ところが、アマンジャクが、ある程度仕事しかけておったら、ニワトリの真似して夜明けを告げたわけだ。

さて、家督さんはびっくりしてしまった。

「こいではとてもだないが、向こうへ橋架けることは絶対できんが、どうしたらよかろうか」ということになったわけだ。

どうもこうもない。できなければ首かけるちゅうだけん、まあ、仕方がないだ。この家督の山から下へ下りるよりしかたがない。

こういうことになって、ところが夜が明けるまでに、できないことになったわけだから、

アマンジャクがニワトリの真似して夜明けを告げたわけだから、そって仕方がない。いよいよまあ、自分は立ち往生だいうことになったわけだ。ところが、家督さんが梯子《はしご》しちょったところをアマンジャクのやつが聞きん来たわけだ。そいでな、

「われは話し相談すれば何とかいい方法を教えてあげましょう」と言ったときに、アマンジャクのやつが、本当にアマンジャクなもんだから笑ったわけです。

「夜の明けたが分からんで、ニワトリの宵鳴いて、夜が明けたと間違えたやあすら、つまらんもんだ。神さんの資格はない」ちゅう。そいたところが、家督さんが合点したわけだ。

「おまえ、そりゃニワトリが宵鳴きしたことを知っとったか」言ったら、

「わしゃ知っとる」ちゅう。

「どげで知っちょる」ちゅう。

そこで家督さんとアマンジャクの問答になったわけだ。ところが、アマンジャクがそれに対する答弁ができなかったわけだから、そって、け、アマンジャクが叱られてしまったわけだ。家督さんはそのために住吉さんに対しては、

「われは、こういうわけでアマンジャクにだまされて、こけまで仕事をした。そっから先は造作し、できるやつをアマンジャクにだまされたわけだ。いろいろすまんだいど、ま、堪忍《かんにん》してもらいたい」と。そって、住吉さんは、

「だまされたことなら仕方ない。おまえの技術は認めてやる」と。

「そいじゃ、アマンジャクを、どういう処分してやらぁか」ちゅうことになったわけだ。

そって結局、家督さんは、今度、自分の宮の土台の石にアマンジャクを埋めてしまったわけだ。

今でも家督さんの神さんの土台にアマンジャクがはめてあるという話だ。

［昭和五十一年五月一日　保々見公民館で収録　聞き手：大上朋美・池田百合香・小新恵子・酒井董美］

解説　話し手は保々見・川西茂彦さん（明治二十七年生）。中の島の家督の神さんと西の島の住吉の神さんの約束を天邪鬼がじゃまをした結果、天邪鬼は家督さんの座に敷かれてしまったという海士町ではよく知られている神話である。

51．保《ほ》々《ぼ》見《み》由《ゆ》来《らい》

（保々見）

この話は、わたしが子供の時代に知々井（保々見に隣接した地区名）の井上秀造さん…今の局長さんのおじいさんが、わたしのおじいさんと親しい間柄だから、よく話しておりました。その側で聞いた話でございますがねぇ。

まず、この保々見という部落の名前のつき初めから参ります。

この保々見というのは、その昔、須佐男命《すさのおのみこと》さんが隠岐に流れてこの浦へ流れついたわけでございます。そして今度、沖川というところで上がられて熊野さんにおられたわけなんですけぇ、そしてまあ、長いことこっちにおられて、そうして今度いよいよ帰られるときに、ちょうど秋だったそうです。そいで、自分はこの部落に長いことお世話になったわけだが、帰り土産に何と名つけたい。お土産にしようかとこう考えたわけなんです。そしてこの部落を発《た》つときに、ちょうど秋の栄えて稲の穂が稔《みの》っちょったそうです。そよ吹く風に稲の穂が稔っておるさまを見まして、

「なるほどここはいい部落だ。住みよいところだと、これはもう、いかにも穂に穂が美しく見える部落だから、これを『穂穂見』と名づけたらよかろう」と、こういうことで、この保々見という部落の名前ができたということでございます。だから、ホボミという字は、今は略して「保つ」と書いてありますけれども、穂に穂が美しいと、こういうようなことで、ホボミという部落の名前ができたということを聞いております。そいで須佐男命さんが今度帰られるときには、須賀《すか》（集落名）という所では、どういう話があるか知らんけれども、須賀という港は、上り下りの待機するのに非常にいい港であって、そいでこっから発って須賀へ下られたときに、そいがちょうど夕方だったそうです。そいで須賀の前に「弁天さん」という島がありますけんね。あの島に夕陽が射して非常に美しく見えたそうです。

そいで今度そこをヒスカという名前を須佐男命さんがつけられたということで、今は簡単に略してスカと言っとりますけれど、ヒスカ（日須賀）だ。そういうことでホボミという部落の名前ができたと、こういう話が出ました。そいで時代によりまして、この熊野さんには今でも熊野神社としてお祀りしてあるわけです。熊野神社には、今のいろいろ話がありますけど、わたしの聞くところは、須佐男命さんがお祀りして、そいで熊野さんのご神体があるということでございます。けど、まだそのご神体の中をわたし開けて見たことはありませんけどねぇ。井上秀造さんというおじいさんが、そういう話であったたと、こういうことで、ここには九《ここの》さんがお祀りしてあります。そこでこの保々見という名前がつけられたということが、そいでだいたいできたわけでございます。そこでまあ、保々見という、その名前のつき始まったという話です。

〔昭和四十八年六月十七日収録　保々見公民館で　聞き手：酒井董美〕

解説　話し手は保々見・川西茂彦さん（明治二十七年生）。川西茂彦さんは若い時からボースン（水夫長）として国内各航路で活躍。戦時中には御用船で中国にも航海したが、昭和二十年（一九四五）に退職。悠々自適の生活を送られつつ、ときおり農業などをしておられた。

昔話は、海士町御波出身の母親ヨシさんから聞かれたものという。「古屋の漏り」「鶴女房」がそれである。ほかに「蛸屋治兵衛」の話もある。「中の島にウサギのいないわけ」と「保々見由来」は、祖父の友人だった井上秀造さんから聞かれたものである。

52. 中《なか》の島《しま》にウサギのいないわけ

（保々見）

昔。山のウサギが隠岐の国から向こうへ渡ったという話がありますけれども、山のウサギが保々見が元であると。

この上にタダ山といいますけんね。春暖かいとき、そのウサギは山から向こうを見たときに、大山が非常に見えたから、あの島へ行きてみたいと、こういうことをウサギは思い出して、

「向こうに渡るにはいったいどうしたらよかろう」ということを考えたわけ。それからもうどうしても海を渡って行くから、海の者と話し合いをつけなけりゃいかんというので、海岸に下って、ここの沖い経島《きょうじま》という島がありますけんね、そこの岩に常に腰かけて沖を眺めちょったと。

ところが沖に大きなワニザメがはね終わったから、これはいい機会だというので、ワニザメを招いた。ところがそのワニザメが来たものだから、

「海はなかなか広い。だからこの島もなかなか広いが、いったい、おまえの仲間とおれの仲間と、どっちが多いだろうか」と。ワニザメはワニザメで、

「いや、おれは多い」。ウサギはウサギで、

「おれは多い」と、こう言ったと。ところがワニザメが言うには、

「自分が仲間は多い。この広い海だから、尽きないほど仲間が多い」

「いや、われわれの山も多い」って。

「それなら、ひとつ、なら、おまえの仲間が多いか、おれの仲間が多いか、比べてみようだないか」というような話になって、それから、それではワニザメが、

「自分の方から仲間ぁ集みょうかい」と。

「なんぼぅおまえが多い言ったところで、あの向こうの島へ届くほどしな仲間はあるまい」

「いんやぁ、そらある、ある。たくさんある。それ以上にある」

「ほんならひとつ、おまえ、集めてみたらよかろう」と。

「そうしたときには、自分がその上を数えて向こうへ渡るから」と言うたところだ。そうしたらワニザメが言うには、

「だから、広い海の仲間を集めることだから、三日《さんにち》や五日《ごにち》はできまい」と。

「どうしてもことし一年中はかかるだろう」言うことだ。

「いや、そりゃぁ、なんぼかかってもいいから、その時期を待ちる」というので、待ちたのが秋になったそうですわ。

そのときにウサギは何でも、こらぁ安全に渡らにゃいかんということを考えてねぇ、へいから、うちへ帰っていろいろ考えた結果、その当時、毎月、毎月づきに守り神さんが、昔からあったそうです。そいでウサギは守り神さんを集めて相談したところが、

「やぁ、そりゃぁおもしれぇ話だ。やったがよかろう」ということで、神さんも非常に、それ、同情したわけですけん、そうしたとこぉが、

「いつ、そりゃ行く」

「そりゃぁ分からん。何日かかるか。一年中かかるか分からん」て、そうすれば渡る月に当たった神さんが、一番先頭に立ってウサギの協力をすると、後の神さんはそれについて行くと、こういう約束になって何したところが、その年の秋になってね、そいで今度いよいよワニザメが仲間集めることになったけぇて交渉に来たもんだから、それじゃぁ、何月何日という約束ができたわけですけん、そうしたところが、こっちじゃあ十二の神さんを一年一ヵ月に一人ずつの守り神さんだから、十二の神さんが、いい日集めて相談したと。ところが、「よかろう」というので、結果、ま、待っちょったわけですよ。そのとき、十

二人の神さんがウサギに協力して、向こうへ渡って行くということになったわけですけん。そうしたところがねぇ、そのとき、神さんの名前を忘れたけれど、そのときの神さんは「渡り神」という渡る神さんと名づけたわけだ。そいでウサギは、他の神さんの協力を得て、渡り神さんが一番主体になって渡したわけですけん、そいでこの島から、もうそういうことで、ウサギはもう向こうへ渡ってしまったから、一匹もおらないということで、隠岐の国の各島々にはウサギはおるけれども、この島だけには、野ウサギは絶対おらんわけです。そのとき向こうへ渡ってしまったと、こういう話でした。そいでそこには、そういう言い伝えのもとに、渡り神と、それから今度は十二社いってねぇ、神さんがどこに埋まったか知らんけれども、十二の神さんがこの上にござったちゅうので、このへんの地名を「十二社」ちゅうてついております。そいから今度「渡り神」いって神さんもありますしね。で、今、氏神さんの方に合社してありますけれどもねぇ、そういう昔からの伝えで、今の渡り神と十二社ということの話。そういうことで中の島（海士町全域）のウサギはおらんと、こういう昔の人の話であったわけでございます。

［昭和四十八年六月十七日収録　保々見公民館で　聞き手：酒井董美］

解説 話し手は保々見・川西茂彦さん（明治二十七年生）。古事記神話の「因幡の白兎」にかかわる神話が、ここ海士町では、ワニザメをだましたウサギが、上陸すると同時にワニザメから仕返しを受けて赤裸にされるという部分は語られていない。そして古事記神話と違って、ウサギが月々の神々の加護を受けて無事に本土に渡り終えたとされており、同時にこの島にはウサギがいなくなった由来譚にもなっているのである。

53. 幽《ゆう》霊《れい》船《せん》の話《はなし》

（保々見）

昔ね、よくは忘れたけどね、わたしたちがまだ学校の頃、五年生か六年生の頃だから、ま、六十年ぐらい前にね、隠岐丸の二号と三号が衝突してね、そいで三号が沈んだの。そいでね、わたしの父がね、海士のもんだにね、タケシに出て、タケシからイカ釣りに出た。そしたら、そこへ出て錨《いかり》をやったとたんにね、

シャワ、シャワ、シャワ………

大きな船が沈んで行くような音がして、一瞬、みんな、カンを上げて見たら、そしたらね、真っ黒い船が、隠岐丸は三つボタンでしょう。煙突が三つボタンではっきり分かっちょんのよね。その真っ黒い船が進んでいるんだって。

シャワ、シャワ……

そいで、人の音はせんけど影が大きな声を出してね、騒いで駆けては表へ行きたり、裏へ行きたりワイワイ騒いでやってたんだって。そしたらね、みんなはね、「それを見たときにはね、物を言うもんじゃない」言ってね、一緒にピタッと黙ってね、船をくるっとこっち返して、で、タケシへ帰ってね、で、家へ帰って来たのにね、その道を歩いちょんのに、今は道がついちょっけど、昔はこまい道だって、やっと通れるうらいの道だったけん、道の左が、

シャワ、シャワ……

音がしたんだって、もう上まで上がるまで、

シャワ、シャワ……

いう音がしたんだって。みんなが一斉に黙って来てね、そいで部落へ下がったとこで木戸

があってね、木戸を開けてピタッと閉めたとたんに、
みんな一緒に、
「なんと、今夜は怖かったな。恐ろしかったなぁ」言うて話したってね。
〔昭和五十二年四月二十三日収録　聞き手：上谷千代美・宇野多恵子・上田和代・吉本千恵子・酒井董美〕

解説 話し手は保々見・徳山千代子さん（明治三十七年生）。この話は世間話に属するものである。他の地方では「盆十六日に海に出ると怪異に遭う」とする俗信が知られており、その禁を破って漁にでも出たら、このような出来事に遭遇したと話されることが多い。海士町では隠岐丸という馴染みだった船名になっているところが面白い。

54. 猫《ねこ》に化《ば》かされた話《はなし》（その1）

（保々見）

昔はね、若い男の人が女の人の所へ遊びに行くわけね。夜這《よば》いに行くわけね。宇受賀のテエシ、北分と宇受賀の間のとこがテエシ言うからね、あそこに確か、あれやったと思うわ。いつでも堂みたいなところがありますわ。竹中さんたちがテエシですよ。あそこには家は名前はいいけど、すごい女の人がおってね、それはわたしたちに話したわけじゃないの。青年の人に話しているのをわたしたちが混じっとって聞いているわけね。

「まあ、おまえたちはあれだからねぇ」言って寝かされてね、そっからやっぱりわたしもお話は好きだから耳を澄まして聞いちょった。そしたら若い人に、

「宇受賀の方へ行くなよ。わしゃ気の丈夫な方だから、どうだい（どうも）なかっただいど、気の弱いもんなら行くなよ」言って。

昔からそこは「ネコが出る、ネコ化けが出る。ネコ化けが出る」言っちょったとこだから。その昔は東の郵便局のとこまで、あそこのところまで竹林で竹がいっぱい生いとった

からね。今は埋め立ててててね、家も建っているけどね、まだ小学校の時分まで郵便局のとこまで竹薮生えとって、あそこはずっと竹薮でね、ほいで、あそこまで杖ついてきて、そのまだ若い青年のお母さんもらわんときだけど。行きて、ほいで竹薮の中、杖を隠しておいて、杖を持ってネコが出たらたたいてやろう思って、ほってテエシまで行ってね、テエシの陰へ降り口のとこへ隠しておいて、その女の人のとこへ遊びに行きて帰るときは、そこからついて帰って、ほいで局の所へ来たら局のセメントへやっておいて、自分は知らん顔して帰りよった。ほいでね、あるネコが出る出る言うけどね、いっぺんもネコに遭《あ》ったことがないからね、そんなバカなことがあるもんか。わしゃいっぺんも。

〔昭和五十二年四月二十三日収録　聞き手：上谷千代美・宇野多恵子・上田和代・吉本千恵子・酒井董美〕

解説　話し手は保々見・徳山千代子さん（明治三十七年生）。これは世間話に分類できる。本土ではキツネに化かされた話となるところが、なぜか隠岐の島一帯ではネコに化かされた話ということに変わっているのが普通である。この話もそのような法則に沿っている。

55．猫《ねこ》に化《ば》かされた話《はなし》（その2）

（北分）

これ本当にあったことでね。ま、半分は本当と、半分は嘘かも知らんなぁ思ってね、半分は迷信かも知らんと思ってわしゃおったけれども、わしに聞かした人間はのぉ、「事実だ。まぁ、間違いない」と言ったわけだ。半信半疑でおるけれどもね。

昔というとね、ここに中黒いう溜め池のできたときの話ですね。ここにありますけんね、東に中黒いう溜め池ができたときに、その溜め池工事は隠岐島では初めぐらいのもんじゃないか。技師が来たですわ。淡路島からね。淡路島いうとこは溜め池がたくさんにあるらしいけんね。で、そこから技師が来てね、あれは何ちゅうだったかいな。島田さんちゅう人が来ただわね。そこでこの辺で土方を支度してね、そこで工事をやらせとったで、結局、向こうから来た人か知らんけどね、三人か四人か、中郡山中、山中《さんちゅう》だけんね、そこに小屋を建ててね、そこで人夫が自炊をやって朝晩に、焚き火をして食べたり、たまには魚なんか買ってきてね、料理して一杯酒なんか飲んでね、そしてそこで泊まって仕事しておったらしいね。

ところが、あるときね、きれいないい女房《にょうば》が出てきてねぇ、「まあ、あんたら、ここで男の人が自炊をしてな、これからわしがいつも来て、手伝いしてやっけん」いうことになって、ところが土方で山の中に住んどっだから、女房に魅力があったですわ。

「こりゃ、いい女房が来たど、これをなんとかおだてて手伝ってもらって、そして食べたりすらいいど」

「そっだ、そっだ」いうことになってね、女房を雇うことにしてね、ところが、その女房は炊事してがいに（たくさん）魚をこしらえたりしてね、そして、女房は何だらかと、山の中におってね、

「あんたら方、土方して、野菜物やそげなものばっかり食っとったらつまらんけん、魚買ってこい、魚買ってこい」言って、そう言うけん、

「そんな、魚買って来てやらあど。あんも（あれも）いいだけんな」というやあな話になってね、ほって、二晩も三晩もそがしてね、ずっとおったちゅう。こらまあ、女房が一人《ふとり》おんに、男らちゃ三人も四人もおおだけんな、こりゃあ女房一人泊まらしたって、なんだいさしつかえないだけんな。一人なら具合悪いだも知らんだいど、ちゃなことでね、

「住んで、住んで」言って、人夫が言うだけんね、そこに泊まっちょっだ。

それから、それより数日の間、そういうことを続けとった。と、ある晩にね、晩に遅うなってからね、コドコド、コドコド、音がするだちゅうわ。なんかいなと思って、その土方の一人が、目を覚まして台所の方だ思って、

「こら、だっだ（誰だ）」って言ったところがね、なんと大きな魚を抱えてね、買ってあった魚を抱えてね、大きなネコが飛び出したちゅうわ。それから、

「奥さん、奥さん。ネコが魚を盗った」って言ったときには、女房はおらんわけだ。そいでネコが女房に化けとるわけだからね。大きなネコは、魚を担いで逃げてしまった。

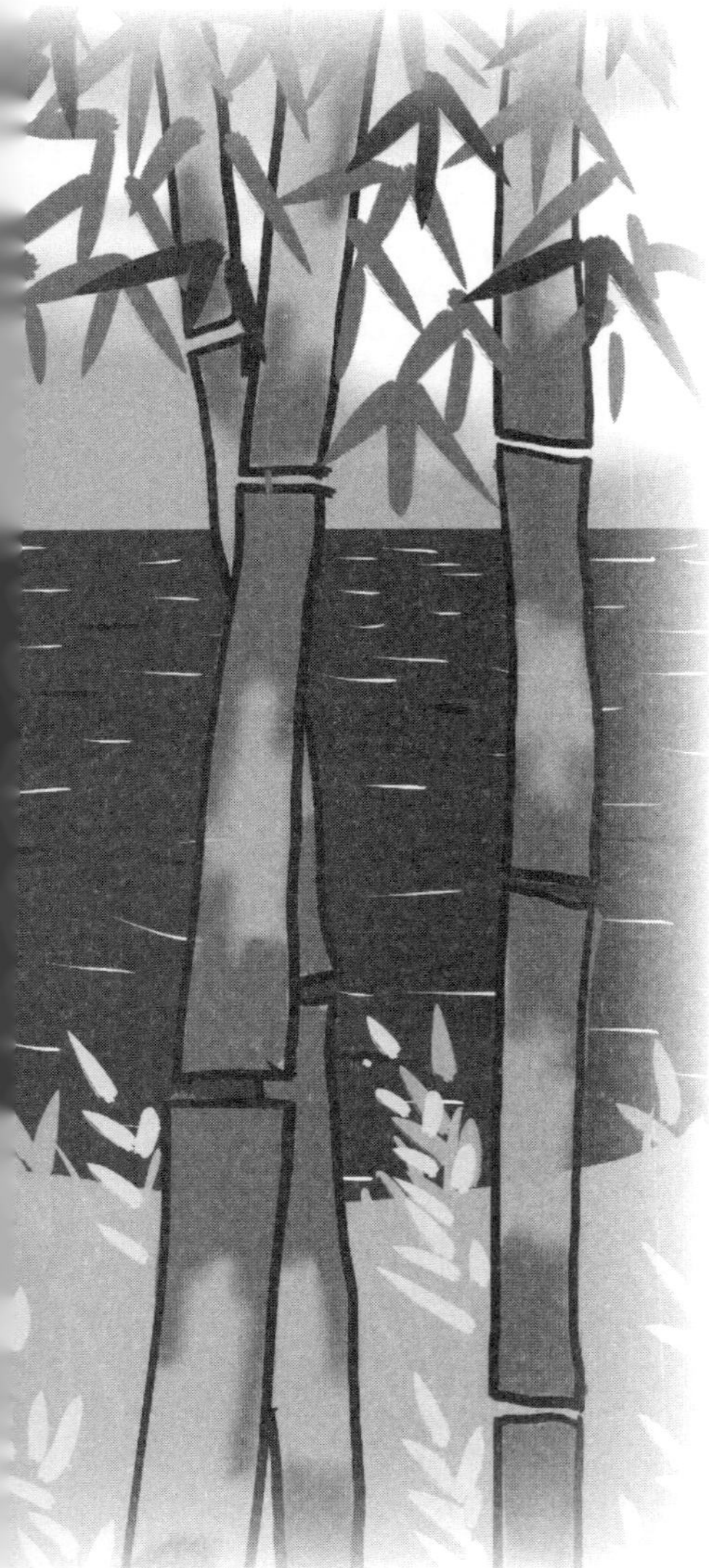

55. 猫に化かされた話（その２）

そってね、

「魚を買ってこい、買ってこい」言うのは、ネコが魚が欲しいからね、魚を料理しながら、アラでも頭でも残して、ほどよく食おう。そうやっとったにね、で、ある晩に起きてきてね、正体で出てしまっただけんね。大きな魚をくわえ込んで、出かけて行った。ゴトゴト。ゴトゴト、言うからね。

「こいつ、だれかが来たな。台所の方だなぁ」と思って、大きな声したとこがね、魚をくわえてね、出たちゅうわな。話は禿げて通った。


［昭和五十二年五月六日収録　聞き手：上谷千代美・宇野多恵子・上田和代・吉本千恵子・酒井董美］

解説　話し手は北分・原米市さん（明治三十一年生）。世間話である。終わりの「話は禿げて通った」は、昔話の結句の一種であるが、話し手の興に任せてつい昔話風に結句を口ずさまれたものである。

海士町の民話と郷土部について

――あとがきに代えて――

本書に収めた五十五話のほとんどは、今から約四十年前、島根県立隠岐島前高等学校郷土部が部活動の一環として収録したものである。基本的には語られたままを文字化している。厳密に言えば昭和五十年に部が発行した機関誌『島前の伝承一』から同五十三年の『隠岐島前の民話』―隠岐島の伝承八―までの八冊に収録した民話（神話、昔話、伝説、世間話）から海士町に関する話を選んで掲載したものである。しかし、郷土部の収録は、実際には海士町に限らず、島前、島後全域に及んでいるが、本書は海士町だけに焦点を絞っている。

ところで、平成二十二年三月号の海士町役場発行『広報海士』を皮切りに、私の再話で「海士町の民話から」として郷土部が集めた民話の連載を続けている。この広報は隔月発行のため、今年七月号までで三十九回になった。そしてたまたま今年五月初旬、私は久しぶりで海士町へ出かけ、山内道雄町長さんを表敬訪問したおり、本書上梓の話となった。ただ『広報海士』連載の縁も深く、必然的に本書の中身は海士町の民話に絞らざるを得なかった。

かつて郷土部顧問をしていた私としては部員に西ノ島町の生徒もおり、収録範囲は島後を含めた隠岐地区全域に及んでいる関係上、可能な限り『隠岐島の民話』にしたい気持ちは強いが、これは次の機会に譲らざるを得ないようである。

実は数年前、島後のある民話を語っている同好会に『隠岐の島町の民話』発刊の呼びかけを行ったことがあったが、会の意向で受けてもらえなかった経緯がある。今後、もしもその機運が高まれば、私はいくらでも協力をする気持ちの強いことをここで記しておきたい。

さて、『広報海士』連載で述べておいた文章（平成二十二年三月号）を再掲し、私の気持ちをご理解いただくことにしたい。個人情報云々で固有名詞を挙げるのは気になるが、本書が学術的にも資料集として価値のあるものだけに、敢えてそのままにしておいたことをお許しいただきたい。

連載スタートにあたり

三十年以上も前の部活で得た本町の民話は、貴重な無形文化財です。そして町関係者がこれらの民話を知ることは、ふるさとを見直すためにも意義のあることと思います。
当時の高校生が集めた民話は、決して色褪《いろあ》せるものでありません。また、語ってくださった方を思いつつ、これらをこれからのまちづくりに活かしていただければ、指導した者としてこんなうれしいことはありません。
なお、本連載では資料的価値を損なわないよう、語り手や聞き手の名前、収録年月日を明記しました。発表させていただくことは、事前にご了解いただいております。（酒井董美）
続いて郷土部についての紹介も併せて再掲するが、一部は補足しておいた。

隠岐島前高校郷土部とは

昭和五十年度、酒井董美教諭と福原隆正教諭が顧問となり三名の部員と活動開始。当時の部員は池田百合香（部長）、大上朋美（後部長）、小新恵子。遅れて濱谷深希が参加。彼女たちの卒業後は上谷千代美（部長）、上田和代、宇野（黒田）多恵子・吉本千恵子。次年度、安藤幸、小仲雅美、佐藤ゆかり、藤谷正美などが部員だった（酒井の記録で判明分のみ。それ以外は不詳）。平素は海士町、西ノ島町で民話を中心に収録。夏休みには知夫村、島後にもフィールドを広げ、隠岐全体で計九二七の資料を収録するなど、大きな成果を上げた。結果は機関誌『島前の伝承』（後『隠岐島の伝承』と改題）に掲載。この紙面のイラストは主としてサッカー部の福本隆男さんが担当。なお、五十三年度に酒井教諭が転勤後、しばらくして郷土部は消滅した。

本書がふるさとを見つめる参考になることを願ってペンを置きたい。

平成二十八年七月二十日

編者　酒井董美

【著者略歴】

酒井董美《さかいただよし》

昭和10年（1935）生まれ。松江市出身。
昭和32年、島根大学教育学部中学２年課程修了。玉川大学文学部卒業（通信教育）。島根県下の中学校・高等学校に勤務した後、大学に転じた。山陰両県の口承文芸を収録・研究している。平成11年、島根大学法文学部教授を定年退官、鳥取短期大学教授となり、平成18年退職。平成24年３月まで松江市大庭町にある出雲かんべの里館長。山陰両県の民話語り部グループ育成に務めている。海士町関連では、昭和48年度・海士中学校教諭、49～52年度・隠岐島前高校教諭だった。

昭和62年　第27回久留島武彦文化賞受賞（㈶日本青少年センター）
平成20年　善行賞（青少年指導）受賞（㈶全国善行会）

主要編著書（伝承歌謡関係）
『魚屋と山姥』―隠岐・島前の昔話（桜楓社）
『島根のわらべ歌』尾原昭夫氏と共著（柳原書店）
『山陰の口承文芸論』（三弥井書店）
『山陰のわらべ歌』（三弥井書店）
『島根の民謡』（三弥井書店）
『さんいんの民話とわらべ歌』（ハーベスト出版）
『山陰のわらべ歌･民話文化論』（三弥井書店）
『ふるさとの民話』全15集（ハーベスト出版）　ほか多数

【イラスト作者略歴】

福本隆男《ふくもとたかお》

昭和34年（1959）生まれ。島根県隠岐郡海士町崎出身。
島根県立隠岐島前高校卒業後上京。埼玉県三郷市在住。

主要イラスト
萩坂昇『四季の民話』（教育労働センター）
ＮＨＫ松江放送局制作「山陰の昔ばなし」
（総合テレビ・平成４年４月６日～６年２月28日 74回にわたり、山陰両県下へ放映）
酒井董美『島根ふるさとの民話』（㈲ワン・ライン）
酒井董美『山陰のわらべ歌』（三弥井書店）
酒井董美『ふるさとの民話』全15集（ハーベスト出版）などのイラストを担当

山陰《さんいん》民話《みんわ》語《かた》り部《べ》シリーズ 3

猫《ねこ》に化《ば》かされた話《はなし》

——隠岐《おき》・海士町《あまちょう》の民話《みんわ》

二〇一六年八月十日　初版発行

編著者　酒井《さかい》　董美《ただよし》

発　行　ハーベスト出版
〒六九〇―〇一三三
島根県松江市東長江町九〇二―五九
ＴＥＬ〇八五二―三六―九〇五九
ＦＡＸ〇八五二―三六―五八八九

印刷・製本　株式会社谷口印刷

定価はカバーに表示してあります。
落丁本、乱丁本はお取替えいたします。

Printed in Japan
ISBN978-4-86456-204-1　C0039